全科プリント　小学１年

この本の使い方

おうちの方と
いっしょに読みましょう。

★ １枚が１回分です。１枚ずつ切り取って使いましょう。

★ １回分が終わったら答え合わせをし，点数をつけましょう。

★ まちがえた問題は，やり直しましょう。
最初から100点を取れることよりも，まちがえたところを理解することのほうが大事です。

★「かくにんテスト」は，学習した内容をまとまりごとに復習するテストです。

★ **はってん**マークのついている問題は，難しい問題です。ちょう戦してみましょう。

おうちの方へ

★ **答え合わせについて**

まちがえた問題は，お子さまが理解できるまで指導してあげてください。
答えのページにある アドバイス を指導の参考にしてください。

★ **はってんマークのついた問題について**

はってんマークのついた問題は，学習指導要領の範囲をこえた，発展的な学習内容です。
教科書で扱っている発展内容を中心に掲載しています。

さんすう 1

5までの　かず

もくひょうじかん 15 ふん

がくしゅうした日　　月　　日

なまえ

とくてん

100てん まんてん

こたえ 78ページ

さんすう

1 カード(かあど)の ●の　かずと　おなじ　かずの　ものに　○を　つけましょう。【6てん】

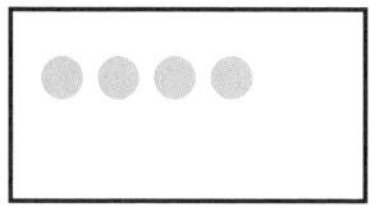

カード

(　　)　(　　)　(　　)

2 おなじ　かずを　——(せん)で　つなぎましょう。1つ7てん【56てん】

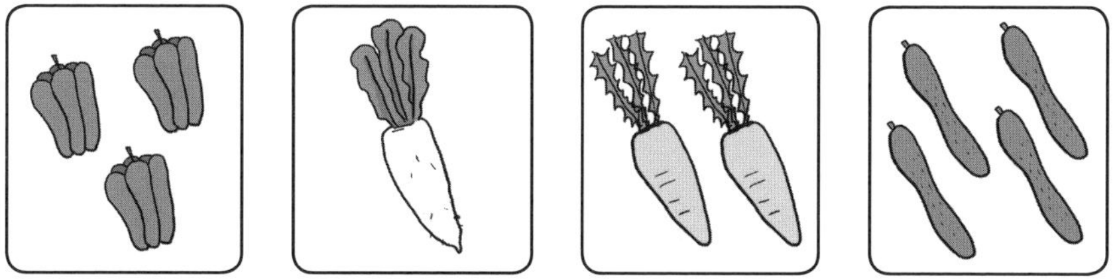

1	3	4	2

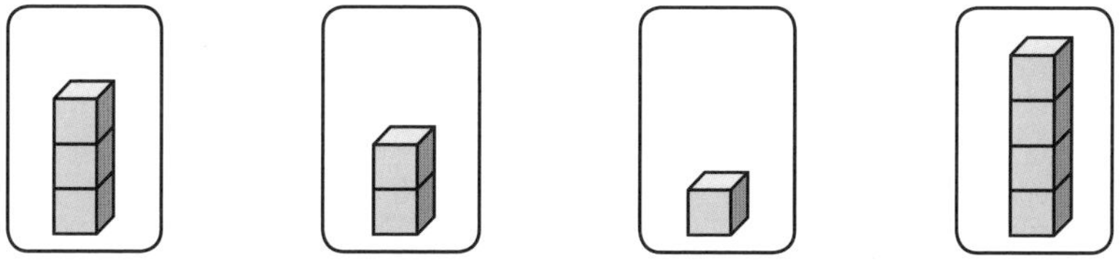

3 どうぶつの　かずを　かぞえて，□に　すうじで　かきましょう。1つ6てん【24てん】

①

②

③

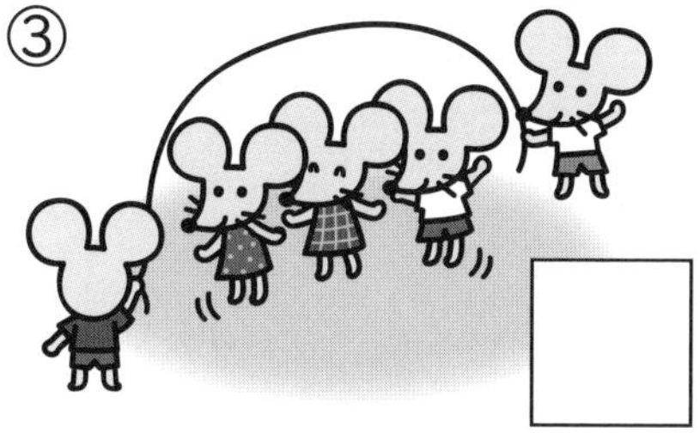

④

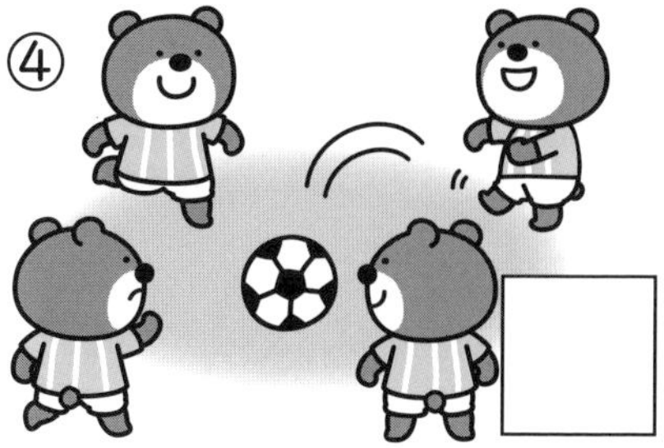

4 すうじの　かずだけ　いちごに　いろを　ぬりましょう。1つ7てん【14てん】

① 3

② 5

10までの　かず①

1　カード(かあど)の　●の　かずと　おなじ　かずの　ものに　○を　つけましょう。【5てん】

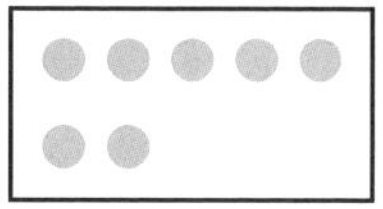

カード

（　　）　（　　）　（　　）

2　おなじ　かずを　——(せん)で　つなぎましょう。1つ7てん【56てん】

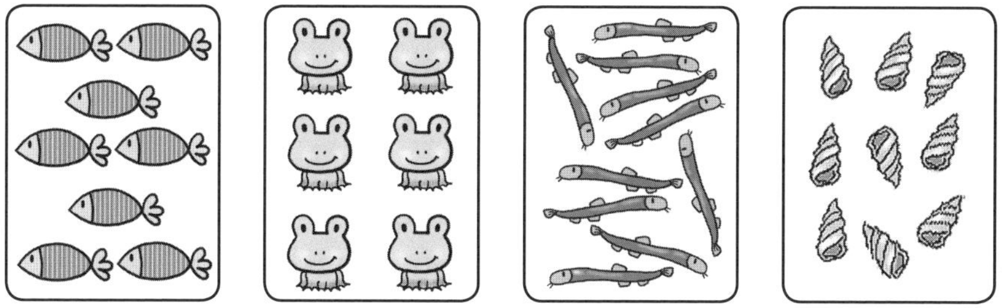

6　9　8　10

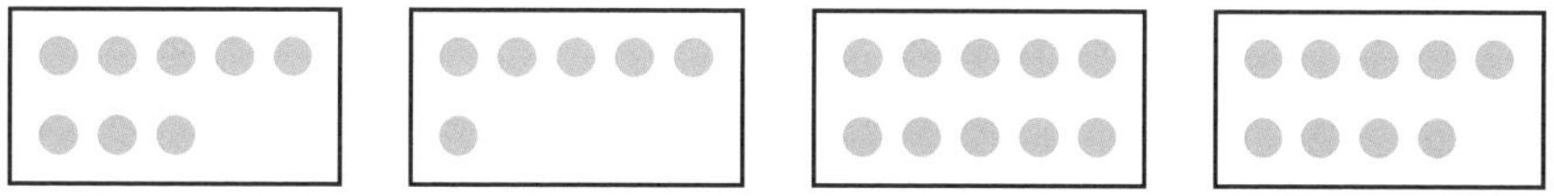

3　たべものの　かずを　かぞえて，□に　すうじで　かきましょう。1つ6てん【18てん】

①

②

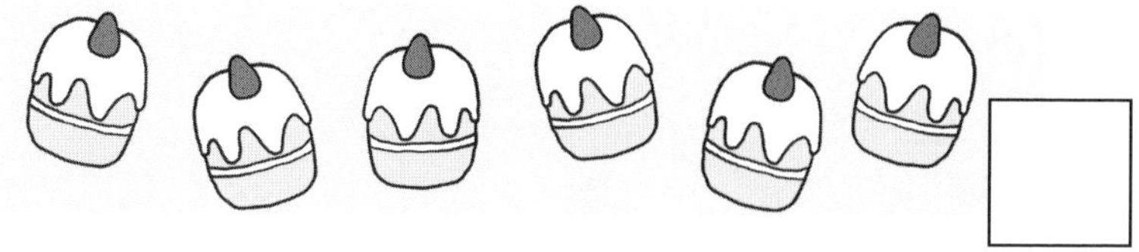

③

4　すうじの　かずだけ　○に　いろを　ぬりましょう。1つ7てん【21てん】

①　6　②　9　③　7

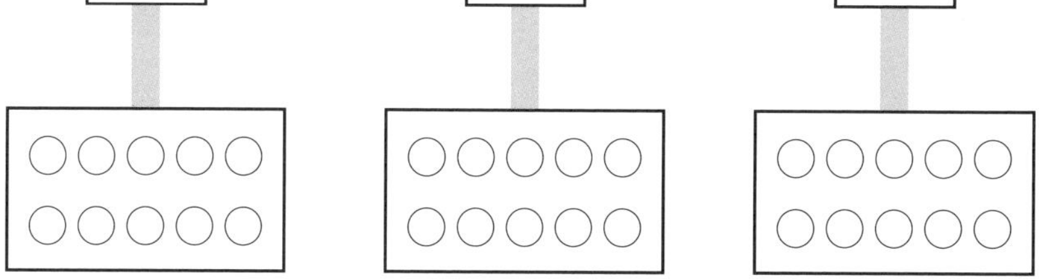

さんすう 3

10までの　かず②

もくひょうじかん 15 ふん

がくしゅうした日（ひ）　月（がつ）　日（にち）

なまえ

とくてん

100てん まんてん

こたえ ▶ 78ページ

1 かえるの　かずを　すうじで　かきましょう。 1つ6てん【18てん】

① 
② 
③ 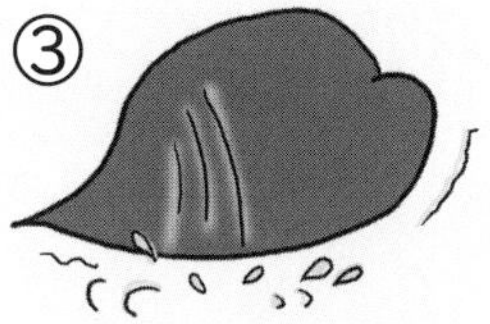

□　□　□

2 おおい　ほうに　○を　つけましょう。1つ7てん【14てん】

① 

（　）（　）

② 

（　）（　）

3 おおきい　ほうに　○を　つけましょう。 1つ7てん【14てん】

① 7　4
（　）（　）

② 8　10
（　）（　）

4 □に　あう　すうじを　かきましょう。1つ6てん【24てん】

① □ 1 2 3 □

② 6 □ 8 9 □

5 したの　えを　みて，□に　あう　かずを　すうじで　かきましょう。 1つ6てん【30てん】

① かさは　ぜんぶで　□　ぽん

② あおい　かさは　□　ぼん

③ くろい　かさは　□　ぼん

④ ひらいて　いる　かさは　□　ほん

⑤ とじて　いる　かさは　□　ほん

さんすう
4 なんばんめ

もくひょうじかん 15 ふん

がくしゅうした日（ひ）　　月（がつ）　　日（にち）

なまえ

とくてん

100てん まんてん

こたえ ▶ 78ページ

1 えを　みて，□に　あう　かずや，どうぶつの　なまえを　かきましょう。　1つ10てん【50てん】

ねこ　いぬ　さる　ぶた　きつね　くま　パンダ（ぱんだ）　ぞう

① さるは　まえから　□　ばんめです。

② きつねは　まえから　□　ばんめで，
うしろから　□　ばんめです。

③ まえから　4ばんめの　どうぶつは，
□　です。

④ うしろから　7ばんめの　どうぶつは，
□　です。

2 えを　みて　こたえましょう。　1つ10てん【20てん】

① さるは　うえから　なんばんめ　ですか。
□　ばんめ

② りすは　うえから　2ばんめ　です。したから　かぞえると　なんばんめですか。
□　ばんめ

3 つぎの　はなに　いろを　ぬりましょう。　1つ15てん【30てん】

① ひだりから　4ほん

② ひだりから　4ほんめ

さんすう 5

いくつと　いくつ

1 うえと　したの　カード（かあど）　2まいで　●の かずが　8に　なるように，——（せん）で つなぎましょう。

1つ5てん【20てん】

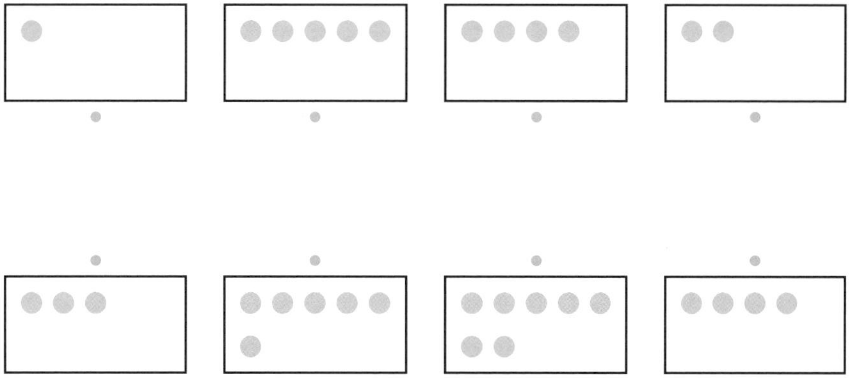

2 □に　あう　かずを　すうじで　かきましょう。

1つ6てん【36てん】

① 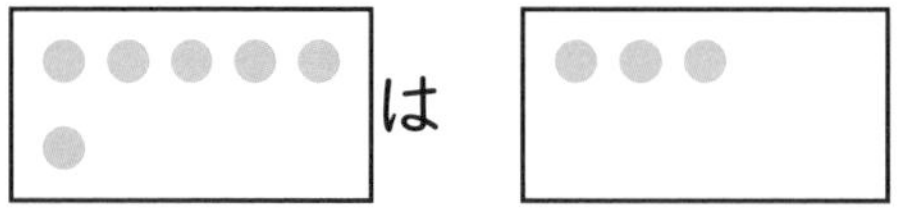 と □

② 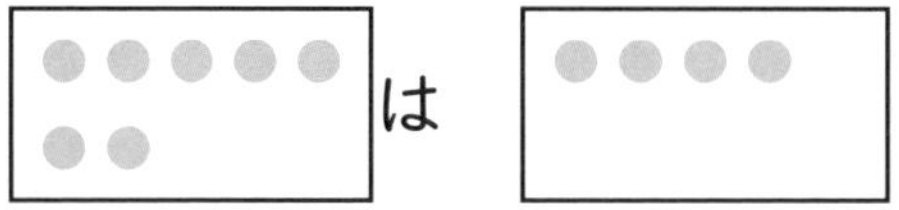 と □

③ 5は　3と　□　④ 6は　4と　□

⑤ 7は　2と　□　⑥ 9は　4と　□

3 □に　あう　かずを　すうじで　かきましょう。

1つ6てん【24てん】

① 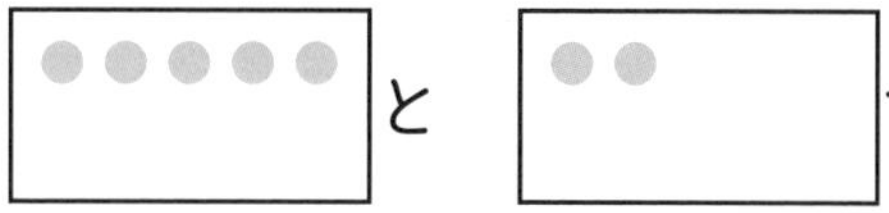 で □

② 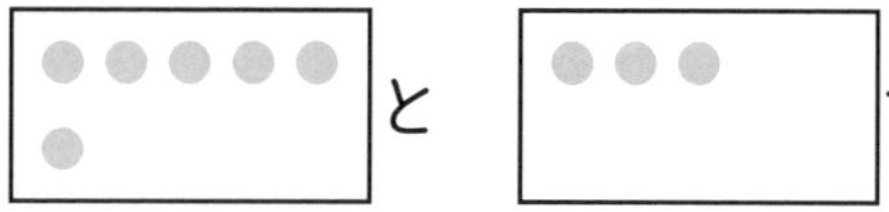 で □

③ 3と　3で　□　④ 3と　5で　□

4 どんぐりが　10こ　あります。かくした どんぐりの　かずを　□に　すうじで かきましょう。

1つ5てん【20てん】

①  □

② 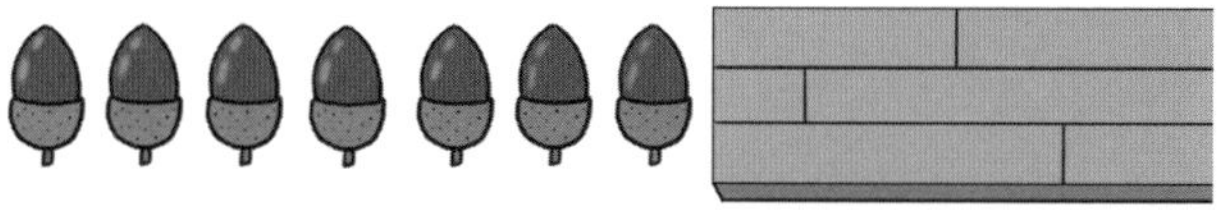 □

③ 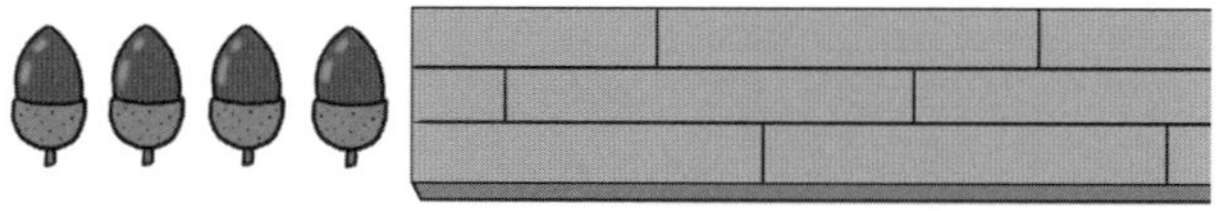 □

④ 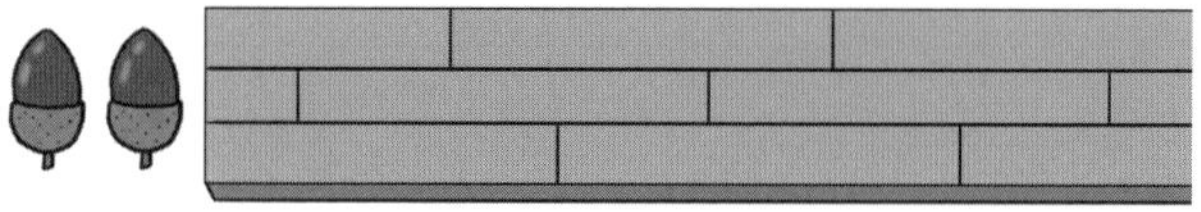 □

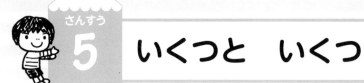

あわせて　いくつ

もくひょうじかん 15 ふん

がくしゅうした日　　月　　日

なまえ

とくてん

100てん まんてん

こたえ ▶ 78ページ

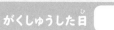

1 あわせて　なんぼんですか。ただしい　しきに　○を　つけましょう。【10てん】

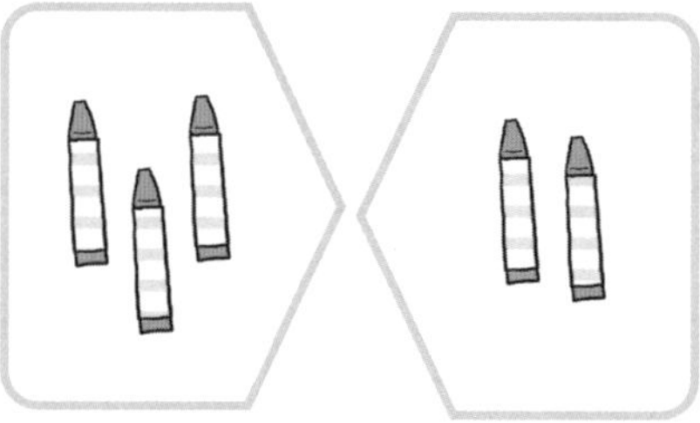

あ　(　　)3＋1＝4

い　(　　)3＋2＝5

う　(　　)3＋5＝8

2 あわせて　いくつですか。しきに　かきましょう。1つ10てん【20てん】

①

(しき)

②

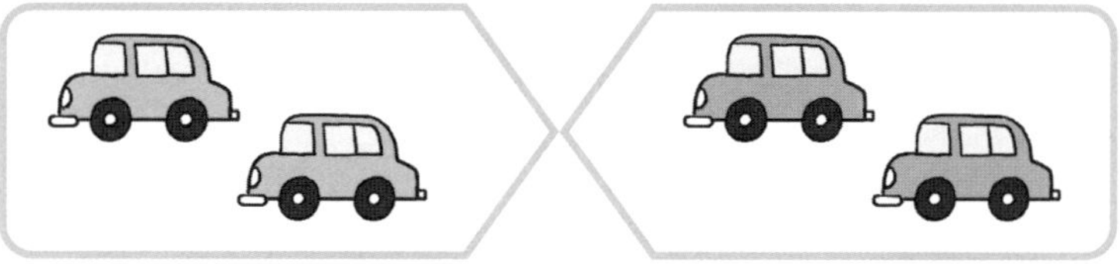

(しき)

3 たしざんを　しましょう。1つ5てん【30てん】

① 1＋1　　② 3＋1

③ 1＋4　　④ 3＋3

⑤ 5＋2　　⑥ 4＋2

4 あわせて　なんさつですか。しき10てん，こたえ10てん【20てん】

(しき)

こたえ　□　さつ

5 あわせて　なんびきですか。しき10てん，こたえ10てん【20てん】

(しき)

こたえ　□　ひき

さんすう 7

ふえると　いくつ

もくひょうじかん 15 ふん

がくしゅうした日　　月　　日

なまえ

とくてん

100てん まんてん

こたえ 78ページ

1 みんなで　なんびきに　なりますか。ただしい しきに　○を　つけましょう。【10 てん】

㋐ （　　）2＋1＝3

㋑ （　　）1＋2＝3

㋒ （　　）2＋3＝5

2 ぜんぶで　いくつに　なりますか。しきに かきましょう。1 つ 10 てん【20 てん】

①

（しき）

②

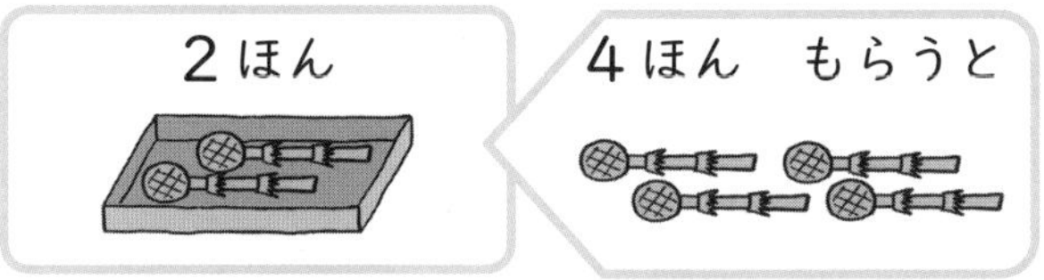

（しき）

3 たしざんを　しましょう。1 つ 5 てん【30 てん】

① 1＋5　　② 5＋3

③ 6＋1　　④ 9＋1

⑤ 2＋5　　⑥ 6＋2

4 ぜんぶで　なんびきに　なりますか。しき 10 てん，こたえ 10 てん【20 てん】

1 ぴき
いれると

（しき）

こたえ　□ ぴき

5 みんなで　なんにんに　なりますか。しき 10 てん，こたえ 10 てん【20 てん】

4 にん
くると

（しき）

こたえ　□ にん

こたえ ▶ 79ページ

さんすう 8 たしざん

1 たしざんを　しましょう。

1つ4てん【56てん】

① 1＋2　　② 2＋3

③ 7＋1　　④ 3＋3

⑤ 5＋5　　⑥ 1＋4

⑦ 6＋3　　⑧ 4＋2

⑨ 2＋5　　⑩ 1＋9

⑪ 4＋4　　⑫ 7＋3

⑬ 5＋1　　⑭ 2＋7

2 こたえが　おなじに　なる　カード（かあど）を　——（せん）で

つなぎましょう。

1つ4てん【16てん】

5＋3	3＋4	2＋8	7＋2
5＋2	1＋7	4＋5	6＋4

3 おとなが　5にん　います。

こどもが　4にん　います。

みんなで　なんにん　いますか。

しき5てん，こたえ5てん【10てん】

（しき）

こたえ　□ にん

4 あめを　4こ　もって　います。

3こ　もらうと，ぜんぶで　なんこに

なりますか。

しき5てん，こたえ5てん【10てん】

（しき）

こたえ　□ こ

5 たまいれを　しました。

あわせて　なんこ　はいり

ましたか。

しき4てん，こたえ4てん【8てん】

1かいめ　　2かいめ

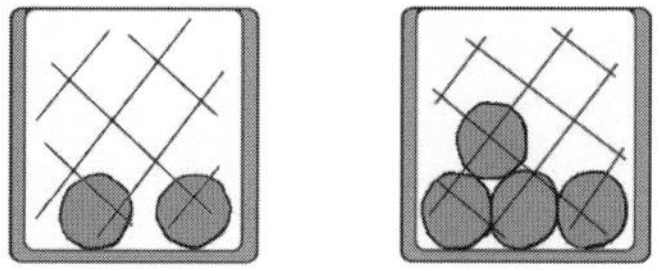

（しき）

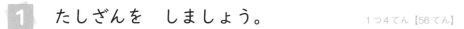

こたえ　□ こ

さんすう 9

のこりは　いくつ

もくひょうじかん 15 ふん

がくしゅうした日　月　日

なまえ

とくてん

100てん まんてん

こたえ ▶ 79ページ

1 のこりは　いくつに　なりますか。しきに
かきましょう。　1つ5てん【10てん】

①

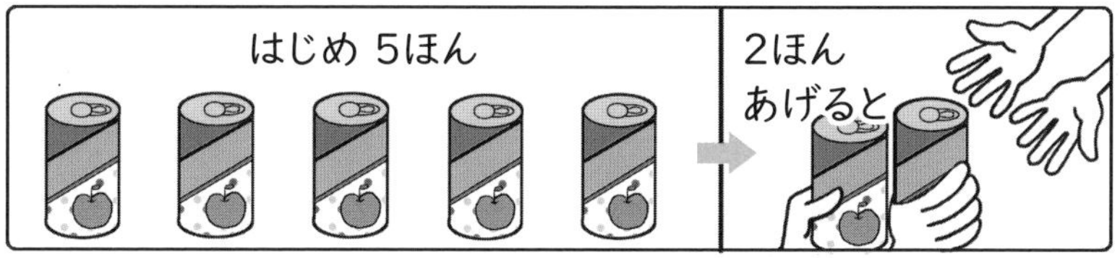

（しき）

②

（しき）

2 ひきざんを　しましょう。　1つ5てん【30てん】

① $3-2$　② $5-1$

③ $6-1$　④ $4-2$

⑤ $6-3$　⑥ $7-5$

3 3にん　かえると，のこりは　なんにんに
なりますか。　しき10てん，こたえ10てん【20てん】

はじめ　7にん

（しき）

こたえ □ にん

4 3こ　たべると，のこりは　なんこに
なりますか。　しき10てん，こたえ10てん【20てん】

はじめ　5こ

（しき）

こたえ □ こ

5 8ほん　あります。5ほん
あげます。のこりは　なんぼんに
なりますか。　しき10てん，こたえ10てん【20てん】

（しき）

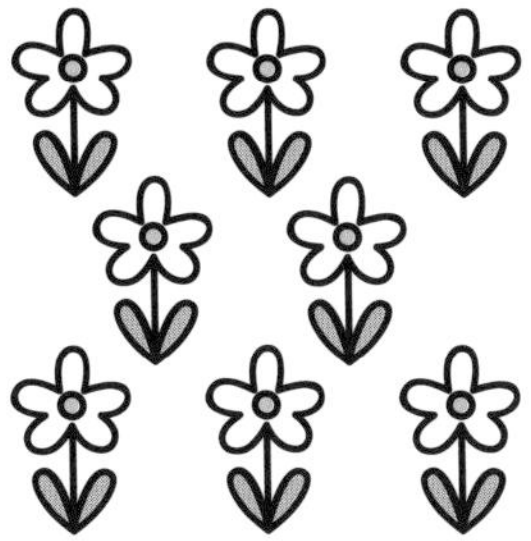

こたえ □ ぼん

さんすう

10 ちがいは　いくつ

もくひょうじかん 15 ふん

がくしゅうした日　月　日

なまえ

とくてん

100てん まんてん

こたえ ▶ 79ページ

1 しきに　かきましょう。　1つ10てん【30てん】

① ねずみの　ほうが　なんびき　おおいですか。

5ひき
4ひき

（しき）

② バス（ばす）の　ほうが　なんだい　おおいですか。

2だい
6だい

（しき）

③ かずの　ちがいは　なんこですか。

7こ
4こ

（しき）

2 ひきざんを　しましょう。　1つ5てん【30てん】

① 3−1　② 6−5

③ 7−1　④ 8−4

⑤ 9−7　⑥ 10−5

3 かめは　うさぎより　なんびき　おおいですか。
しき10てん，こたえ10てん【20てん】

（しき）

こたえ □ ひき

4 かずの　ちがいは　なんぼんですか。
しき10てん，こたえ10てん【20てん】

（しき）

こたえ □ ぼん

さんすう 11

ひきざん

もくひょうじかん 15 ふん

がくしゅうした日　　月　　日

なまえ

とくてん

100てん まんてん

こたえ 79ページ

1 ひきざんを　しましょう。　1つ4てん【56てん】

① 2－1	② 5－2
③ 6－4	④ 8－1
⑤ 9－5	⑥ 7－6
⑦ 7－4	⑧ 9－4
⑨ 8－6	⑩ 10－6
⑪ 9－2	⑫ 10－3
⑬ 7－2	⑭ 9－3

2 たまごが　7こ　あります。3こ　つかいました。のこりは　なんこに　なりますか。

しき5てん，こたえ5てん【10てん】

（しき）

こたえ □ こ

3 たまいれで　たまを　8こ　なげたら，3こ　はいりました。はいらなかった　たまは　なんこですか。

しき5てん，こたえ5てん【10てん】

（しき）

こたえ □ こ

4 いけに，ふなが　4ひき，めだかが　10ぴき　います。どちらが　なんびき　おおいですか。

しき6てん，こたえ6てん【12てん】

（しき）

こたえ □ が □ ぴき　おおい。

5 おりがみが　7まい　あります。5まい　つかうと，のこりは　なんまいに　なりますか。

しき6てん，こたえ6てん【12てん】

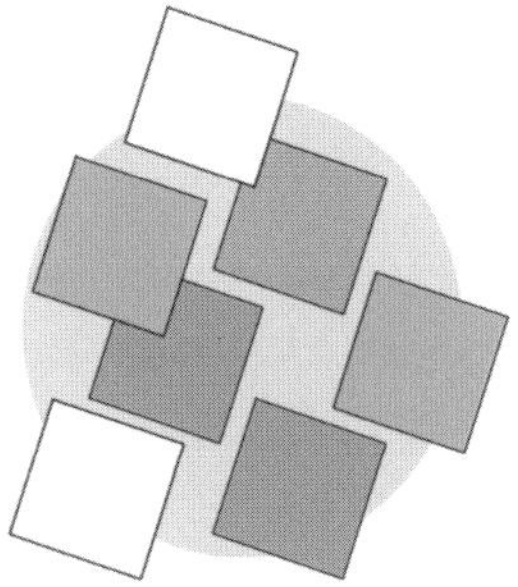

（しき）

こたえ □ まい

10より おおきい かずの しくみ

もくひょうじかん 15 ふん

がくしゅうした日　月　日

なまえ

とくてん

100てん まんてん

こたえ ▶ 79ページ

1 ぼうの　かずと　あう　すうじを　せん（――）で　つなぎましょう。　1つ10てん【30てん】

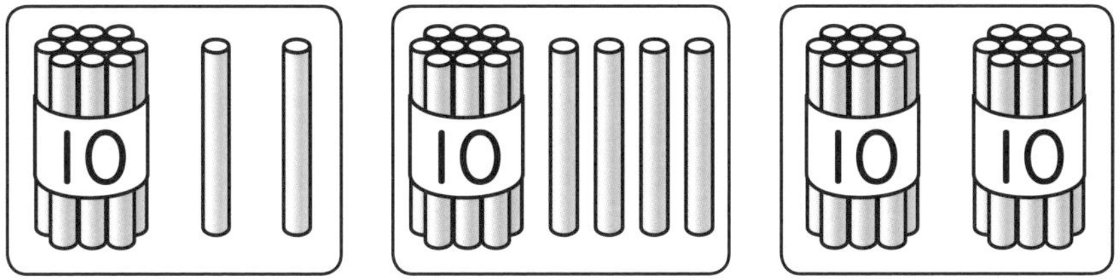

20　　14　　12

2 かずを　かぞえて，□に　すうじで　かきましょう。　1つ6てん【12てん】

①

□

②

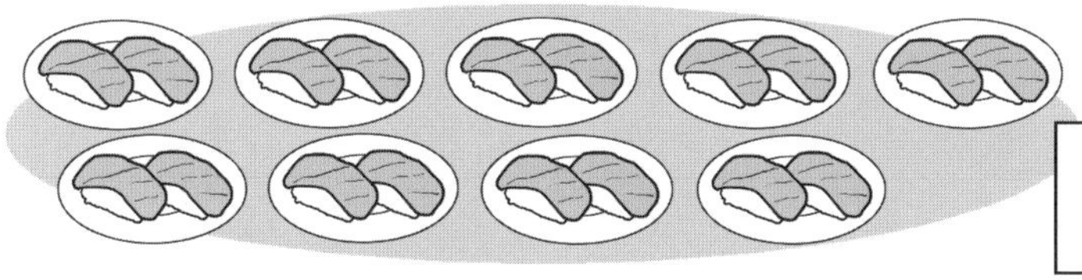

□

3 すうじの　かずだけ　かみが　あります。かくれて　いる　かみの　かずを　□に　かきましょう。　1つ5てん【10てん】

①

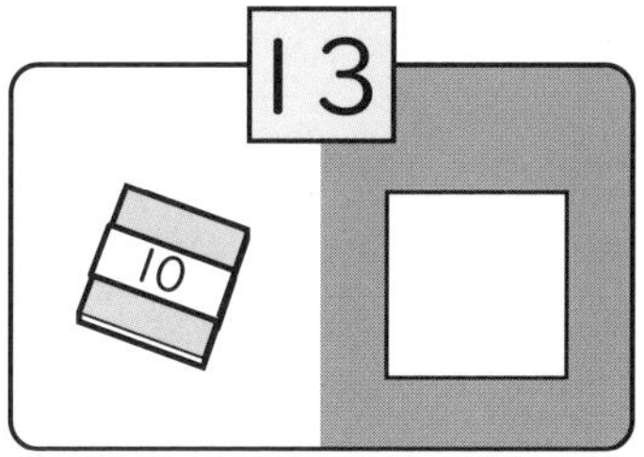

②

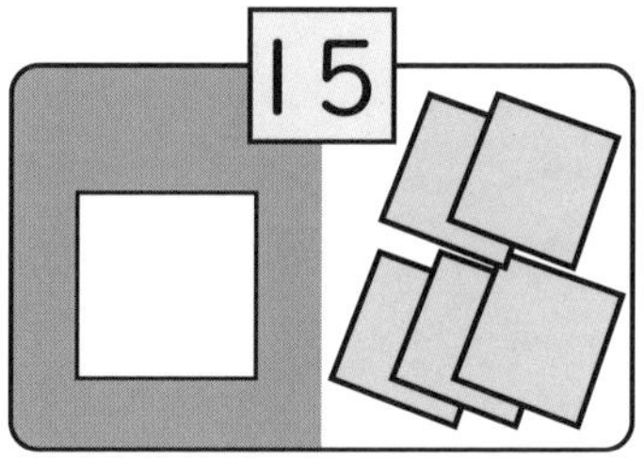

4 □に　あう　かずを　かきましょう。　1つ6てん【48てん】

① 10と 1で □　　② 10と 7で □

③ 10と 4で □　　④ 10と 2で □

⑤ 16は 10と □　　⑥ 13は 10と □

⑦ 20は □ と 10　　⑧ 18は □ と 8

10より おおきい かずの おおきさ

もくひょうじかん 15ふん

がくしゅうした日　　月　　日

なまえ

とくてん　　100てん まんてん

こたえ▶79ページ

1 したの かずのせんを みて こたえましょう。 1つ5てん【20てん】

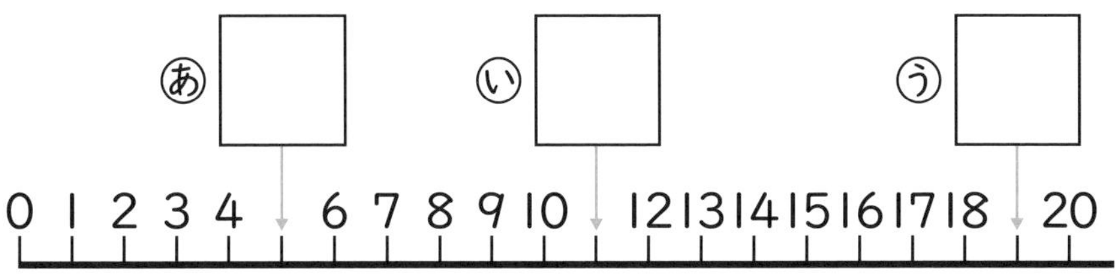

① ↓の めもりの かずを □に かきましょう。

② めもり 1つぶん みぎへ いくと，かずは いくつ おおきく なりますか。（　　）

2 □に あう かずを かきましょう。 1つ5てん【20てん】

① 12より 1 おおきい かずは □

② 15より 3 おおきい かずは □

③ 17より 1 ちいさい かずは □

④ 20より 5 ちいさい かずは □

3 □に あう かずを かきましょう。 1つ5てん【30てん】

① □ 17 18 19 □

② 15 □ 13 12 □

③ □ 12 14 16 □

4 おおきい ほうに ○を つけましょう。 1つ5てん【30てん】

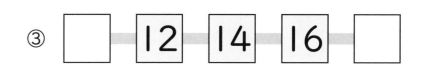

① 9（　） 12（　）

② 11（　） 10（　）

③ 15（　） 13（　）

④ 14（　） 16（　）

⑤ 18（　） 20（　）

⑥ 17（　） 19（　）

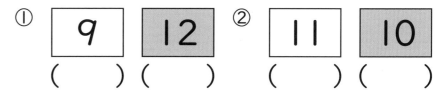

10より おおきい かずの けいさん

もくひょうじかん 15 ふん

がくしゅうした日 月 日

なまえ

とくてん

100てん まんてん

こたえ 80ページ

1 □に　かずを　かきましょう。　1つ5てん【10てん】

① 10と　4を　あわせた　かずは　14です。

→（しき）　10＋□＝□

② 18から　8を　とった　かずは　10です。

→（しき）　18−□＝□

2 けいさんを　しましょう。　1つ5てん【40てん】

① 10＋2　② 10＋6

③ 10＋7　④ 10＋9

⑤ 17−7　⑥ 19−9

⑦ 12−2　⑧ 16−6

3 □に　かずを　かきましょう。　1つ5てん【10てん】

① 13に　2を　たした　かずは　15です。

→（しき）　13＋□＝□

② 15から　1を　ひいた　かずは　14です。

→（しき）　15−□＝□

4 けいさんを　しましょう。　1つ5てん【40てん】

① 12＋4　② 13＋3

③ 11＋5　④ 16＋2

⑤ 17−5　⑥ 18−4

⑦ 16−3　⑧ 14−2

なんじ・なんじはん，かずしらべ

1 なんじですか。または　なんじはんですか。

1つ10てん【40てん】

①

（　　　　　）

②

（　　　　　）

③

（　　　　　）

④

（　　　　　）

2 ながい　はりを　かきましょう。

1つ10てん【20てん】

① 3じ

② 9じはん

3 したの　いろいろな　やさいの　かずを　しらべます。

1つ8てん【40てん】

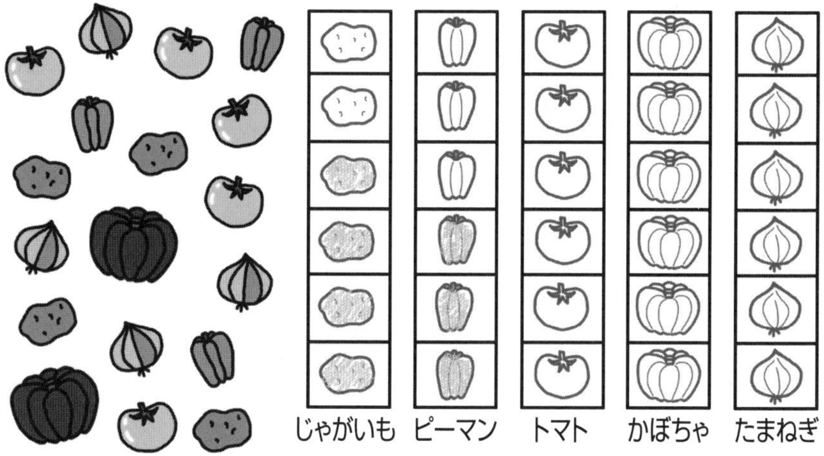

① じゃがいもと　ピーマン（ぴいまん）の　かずだけ　いろを　ぬりました。おなじように，トマト（とまと），かぼちゃ，たまねぎの　かずだけ　いろを　ぬりましょう。

② いちばん　おおい　やさいは　なんですか。

（　　　　　）

③ かずが　おなじ　やさいは，なにと　なにですか。

（　　　　　）と（　　　　　）

かくにんテスト①

もくひょうじかん 15 ふん

がくしゅうした日　　月　　日

なまえ

とくてん

100てん まんてん

こたえ ▶ 80ページ

1 かずを　かぞえて，□に　すうじで　かきましょう。　1つ5てん【10てん】

①

□

②

□

2 けんたさんは　ひだりから　4ばんめです。みぎから　かぞえると　なんばんめですか。　【8てん】

（　　　　　）

3 □に　あう　かずを　かきましょう。　1つ5てん【20てん】

① 7は　5と □　　② 9は　4と □

③ 4と　4で □　　④ 3と　7で □

4 けいさんを　しましょう。　1つ5てん【30てん】

① 3＋4　　② 6＋4

③ 8－2　　④ 9－5

⑤ 10＋7　　⑥ 17－4

5 なんじですか。または，なんじはんですか。　1つ8てん【16てん】

①

（　　　　　）

②

（　　　　　）

6 かだんに，ちょうが　6ぴき，はちが　9ひき　います。はちは　ちょうより　なんびき　おおいですか。　しき8てん，こたえ8てん【16てん】

（しき）

こたえ □ びき

ながさくらべ

もくひょうじかん 15 ふん

がくしゅうした日　　月　　日

なまえ

とくてん

100てん まんてん

こたえ ▶ 80ページ

1 いちばん　ながいのは，あ，い，うの どれですか。 1つ15てん【30てん】

① 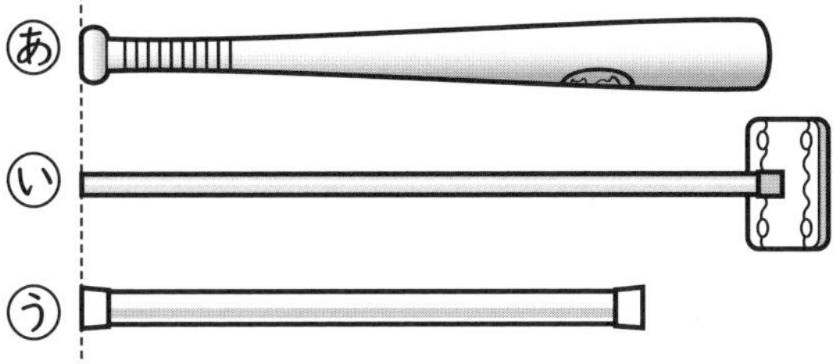

（　　　）

② 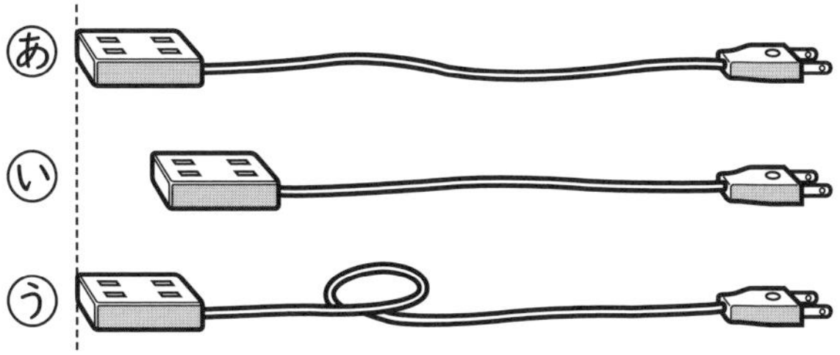

（　　　）

2 ほんの　あと　いの　ながさを，テープ（てえぷ）を つかって　くらべました。あと　いの　どちらが ながいですか。 【20てん】

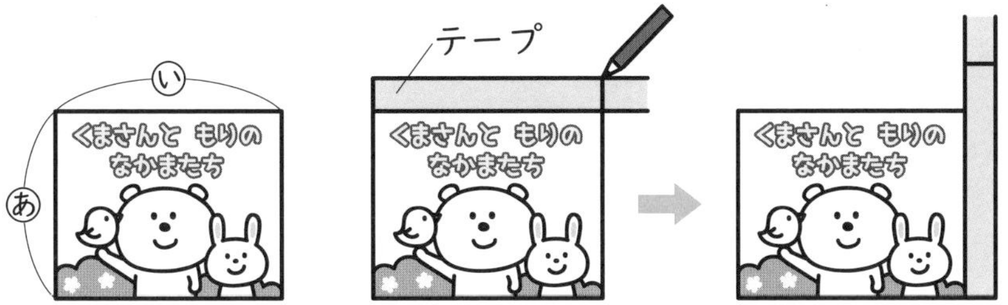

（　　　）

3 ながい　じゅんに　あ，い，うで こたえましょう。 【20てん】

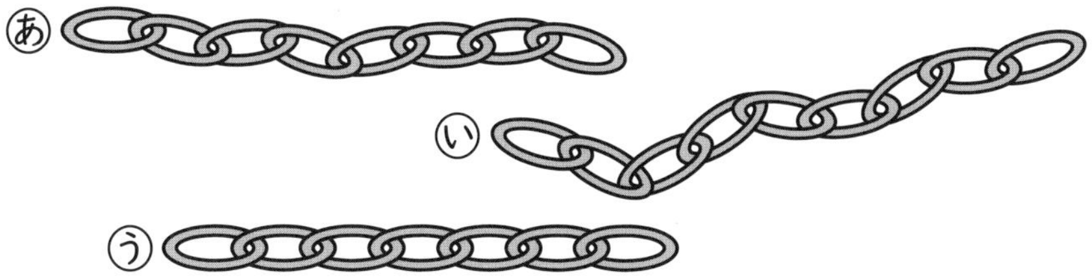

（　　，　　，　　）

4 したの　えを　みて，あ，い，う，えで こたえましょう。 1つ15てん【30てん】

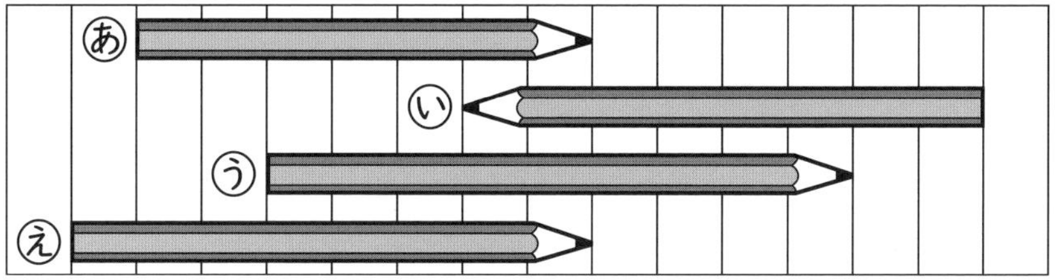

① いちばん　ながい　えんぴつは　どれですか。

（　　　）

② おなじ　ながさの　えんぴつは　どれと　どれ ですか。

（　　と　　）

かさくらべ，ひろさくらべ

もくひょうじかん 15 ふん

がくしゅうした日　月　日

なまえ

とくてん

100てん まんてん

こたえ ▶ 80ページ

1 みずは，㋐と　㋑の　どちらに　おおく　はいりますか。【20てん】

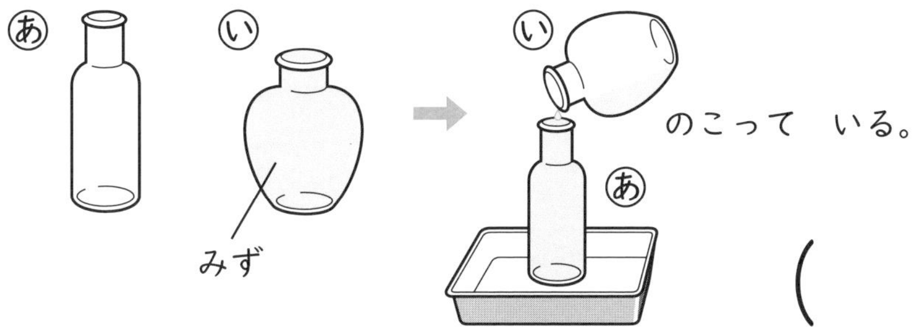

（　　　）

2 ㋐と　㋑に　いっぱいに　いれた　みずを，おなじ　コップ（こっぷ）に　うつしました。1つ10てん【30てん】

□ はいぶん

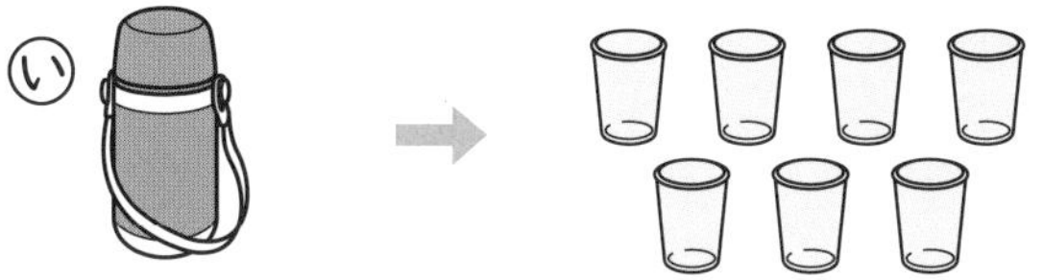

□ はいぶん

① みずは　コップで　なんばいぶん　はいって　いたか，□に　かずを　かきましょう。

② みずが　おおく　はいるのは，㋐，㋑の　どちらですか。

（　　　）

3 ひろい　じゅんに，㋐，㋑，㋒で　こたえましょう。【20てん】

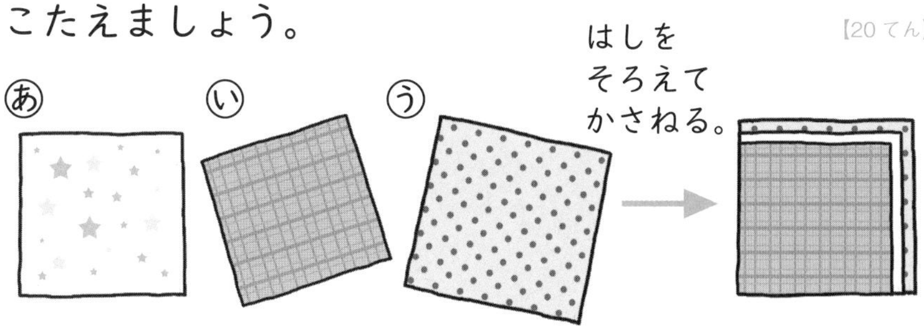

（　　，　　，　　）

4 □に　いろを　ぬって，㋐，㋑，㋒の　かたちを　つくりました。1つ15てん【30てん】

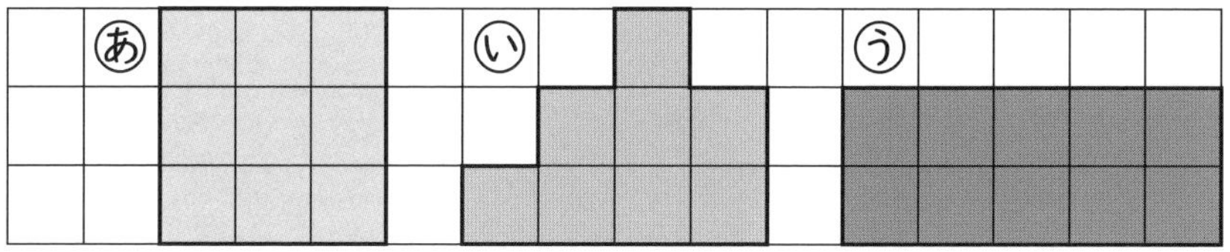

① いちばん　ひろいのは，㋐，㋑，㋒の　どれですか。

（　　　）

② ㋒は　㋑より，□で　なんこぶん　ひろいですか。

□ こぶん

3つの　かずの　けいさん①

もくひょうじかん 15 ふん

がくしゅうした日　　月　　日

なまえ

とくてん

100てん まんてん

こたえ ▶ 80ページ

1　1つの　しきに　かきましょう。　1つ5てん【10てん】

① ねこは　ぜんぶで　なんびきに　なりますか。

3びき います。
1ぴき きました。
また 2ひき きました。

（しき）

② トマト（とまと）は　なんこ　のこって　いますか。

7こ あります。
3こ たべました。
また 2こ たべました。

（しき）

2　けいさんを　しましょう。　1つ5てん【30てん】

① 4＋2＋2　　② 2＋3＋2

③ 5＋1＋3　　④ 9＋1＋7

⑤ 8＋2＋5　　⑥ 10＋2＋3

3　けいさんを　しましょう。　1つ5てん【30てん】

① 7－1－4　　② 9－2－3

③ 10－1－6　　④ 15－5－2

⑤ 12－2－7　　⑥ 19－3－4

4　はとが　3わ　います。4わ　とんで　きました。また　2わ　とんで　きました。ぜんぶで　なんわに　なりましたか。　しき10てん，こたえ5てん【15てん】

（しき）

こたえ　□わ

5　おりがみが　10まい　あります。2まい　つかいました。また　4まい　つかいました。のこりは　なんまいに　なりましたか。　しき10てん，こたえ5てん【15てん】

（しき）

こたえ　□まい

3つの　かずの　けいさん②

もくひょうじかん 15 ふん

がくしゅうした日　　月　　日

なまえ

とくてん

100てん まんてん

こたえ ▶ 80ページ

1　1つの　しきに　かきましょう。　1つ5てん【10てん】

①　うさぎは　なんびきに　なりますか。

5ひき います。
3びき おりました。
1ぴき のりました。

（しき）

②　おりがみは　なんまいに　なりますか。

4まい あります。
2まい もらいました。
3まい つかいました。

（しき）

2　けいさんを　しましょう。　1つ5てん【30てん】

①　6－2＋3　　②　8－5＋2

③　7－1＋3　　④　10－8＋4

⑤　10－5＋2　　⑥　14－4＋6

3　けいさんを　しましょう。　1つ5てん【30てん】

①　7＋1－4　　②　3＋4－2

③　1＋9－6　　④　4＋6－3

⑤　10＋6－3　　⑥　12＋5－6

4　バス（ばす）に　10にん　のって　いました。バスていで，6にん　おりて，4にん　のって　くると，なんにんに　なりますか。

（しき）　しき10てん，こたえ5てん【15てん】

こたえ　□にん

5　かもめが　6わ　います。3わ　とんで　きましたが，2わ　とんで　いきました。かもめは　なんわに　なりましたか。　しき10てん，こたえ5てん【15てん】

（しき）

こたえ　□わ

さんすう 21

くりあがりの　ある　たしざん①

1 9＋4 の　けいさんを　します。□に　あう　かずを　かきましょう。　1つ4てん【12てん】

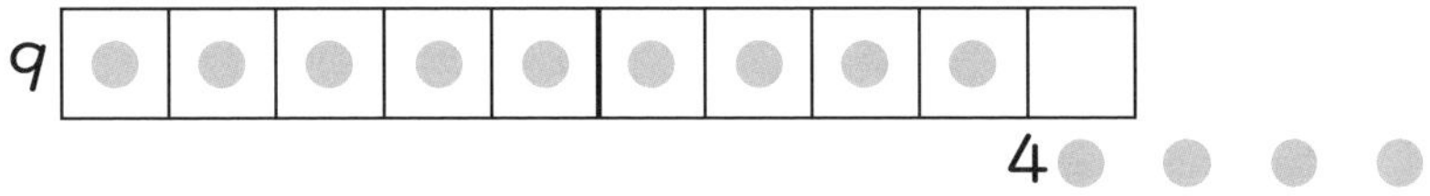

① 9に □ を　たして　10。

② 10と　のこりの □ で □ 。

2 けいさんを　しましょう。　1つ5てん【50てん】

① 8＋4　② 4＋9

③ 7＋4　④ 8＋6

⑤ 7＋9　⑥ 6＋6

⑦ 5＋8　⑧ 8＋7

⑨ 3＋8　⑩ 9＋9

3 こたえが　12に　なる　カード(かあど)を　2まい　えらんで　○を　つけましょう。　1つ6てん【12てん】

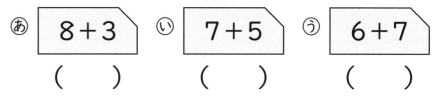

あ 8＋3	い 7＋5	う 6＋7
(　　)	(　　)	(　　)
え 2＋9	お 9＋5	か 4＋8
(　　)	(　　)	(　　)

4 こうえんに，おとなが　5にん，こどもが　6にん　います。みんなで　なんにん　いますか。
しき6てん，こたえ6てん【12てん】

（しき）

こたえ ＿＿＿＿＿＿

5 どんぐりを　7こ　ひろいました。あと　7こ　ひろうと，ぜんぶで　なんこに　なりますか。
しき7てん，こたえ7てん【14てん】

（しき）

こたえ ＿＿＿＿＿＿

さんすう 22

くりあがりの　ある　たしざん②

もくひょうじかん 15 ふん

がくしゅうした日　　月　　日

なまえ

とくてん

100てん まんてん

こたえ▶81ページ

1 けいさんを　しましょう。　1つ4てん【48てん】

① 9＋3　　② 5＋9

③ 6＋9　　④ 8＋5

⑤ 9＋7　　⑥ 9＋4

⑦ 4＋7　　⑧ 8＋8

⑨ 8＋9　　⑩ 9＋8

⑪ 6＋5　　⑫ 7＋6

2 えんぴつを　7ほん　もって　いました。きょう　8ほん　かいました。えんぴつは　ぜんぶで　なんぼんに　なりましたか。　しき4てん，こたえ4てん【8てん】

（しき）

こたえ

3 たくみさんは　くりを　5こ　たべました。おねえさんは　7こ　たべました。ふたりで　なんこ　たべましたか。　しき5てん，こたえ5てん【10てん】

（しき）

こたえ

4 としやさんは　かいだんを　9だん　のぼりました。あと　6だん　のぼると，ぜんぶで　なんだん　のぼった　ことに　なりますか。　しき5てん，こたえ5てん【10てん】

（しき）

こたえ

5 けいさんを　しましょう。　1つ4てん【24てん】

① 5＋4＋2　　② 1＋5＋7

③ 3＋2＋6　　④ 2＋6＋7

⑤ 9－3＋6　　⑥ 10－6＋8

くりさがりの　ある　ひきざん①

もくひょうじかん 15 ふん

がくしゅうした日　　月　　日

なまえ

とくてん

100てん まんてん

こたえ ▶ 81ページ

1 12−9 の　けいさんを　します。□に　あう　かずを　かきましょう。　1つ4てん【12てん】

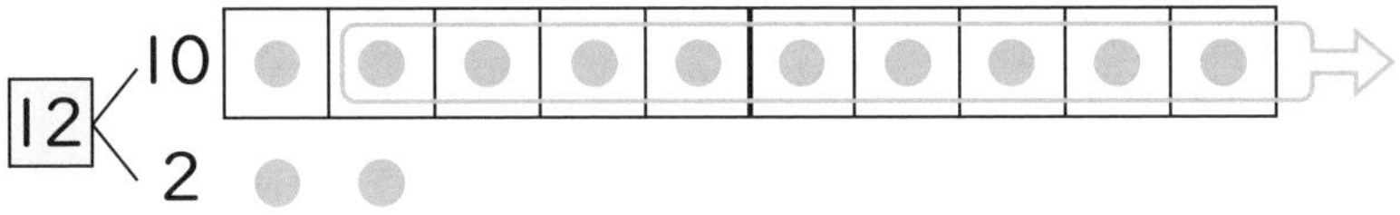

① 12の　なかの □ から　9を　ひいて　1。

② 1と　のこりの □ で □。

2 けいさんを　しましょう。　1つ4てん【40てん】

① 11−8	② 14−9
③ 12−5	④ 15−6
⑤ 17−9	⑥ 15−8
⑦ 18−9	⑧ 11−5
⑨ 12−4	⑩ 14−6

3 こたえが　おなじに　なる　カード(かあど)を　――(せん)で　つなぎましょう。　1つ6てん【24てん】

11−3	14−8	16−9	11−6
13−6	15−7	13−8	12−6

4 りんごが　11こ　あります。4こ　たべると，のこりは　なんこに　なりますか。　しき6てん，こたえ6てん【12てん】

(しき)

こたえ ＿＿＿＿＿＿

5 かだんに，はちが　16ぴき，ちょうが　8ひき　います。はちは　ちょうより　なんびき　おおいですか。　しき6てん，こたえ6てん【12てん】

(しき)

こたえ ＿＿＿＿＿＿

もくひょうじかん 15 ふん

くりさがりの　ある　ひきざん②

がくしゅうした日　月　日

なまえ

とくてん

100てん まんてん

こたえ ▶ 81ページ

1 けいさんを　しましょう。　1つ4てん【48てん】

① 12－8　② 14－5

③ 13－7　④ 13－9

⑤ 11－7　⑥ 13－5

⑦ 14－8　⑧ 11－9

⑨ 16－7　⑩ 13－4

⑪ 17－8　⑫ 14－7

2 きょうしつに　12にん　います。3にん　でて いくと，のこりは　なんにんに　なりますか。　しき4てん，こたえ4てん【8てん】

（しき）

こたえ

3 くじが　11ぽん　あります。あたりは　2ほんです。はずれは なんぼんですか。　しき4てん，こたえ4てん【8てん】

（しき）

こたえ

4 なわとびを　しました。よしみさんは　9かい，けんじさんは　15かい　とびました。どちらが なんかい　おおく　とびましたか。　しき6てん，こたえ6てん【12てん】

（しき）

こたえ

5 けいさんを　しましょう。　1つ4てん【24てん】

① 11－2－7　② 16－9－5

③ 13－8＋3　④ 11－4＋2

⑤ 9＋5－6　⑥ 12－4＋8

もくひょうじかん 15 ふん

がくしゅうした日　月　日

なまえ

とくてん

100てん まんてん

こたえ ▶ 81ページ

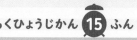

さんすう 25 たしざんかな　ひきざんかな，0の　けいさん

1 けいさんを　しましょう。　1つ5てん【50てん】

① 7＋4　② 9＋6

③ 4＋8　④ 7＋7

⑤ 8＋9　⑥ 12－7

⑦ 15－8　⑧ 11－5

⑨ 13－6　⑩ 16－8

2 9＋3 の　しきに　なる　おはなしに，○を　つけましょう。　【6てん】

ⓐ（　　）みかんが　9こ　あります。3こ　あげると，のこりは　なんこですか。

ⓘ（　　）みかんが　9こ，りんごが　3こ　あります。みかんは　りんごより　なんこ　おおいですか。

ⓤ（　　）みかんの　あめが　9こ，りんごの　あめが　3こ　あります。ぜんぶで　なんこ　ありますか。

3 めだかが，おおきい　すいそうに　9ひき，ちいさい　すいそうには　5ひき　います。

しき6てん，こたえ6てん【24てん】

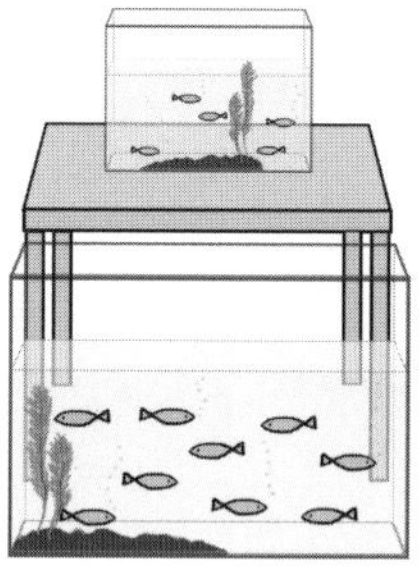

① めだかは　ぜんぶで　なんびき　いますか。

（しき）

こたえ＿＿＿＿＿＿

② ともだちに　6ぴき　あげました。のこりは　なんびきに　なりましたか。

（しき）

こたえ＿＿＿＿＿＿

4 けいさんを　しましょう。　1つ5てん【20てん】

① 7＋0　② 0＋10

③ 3－3　④ 6－0

かくにんテスト②

1 ながい　じゅんに　㋐，㋑，㋒で　こたえましょう。【10 てん】

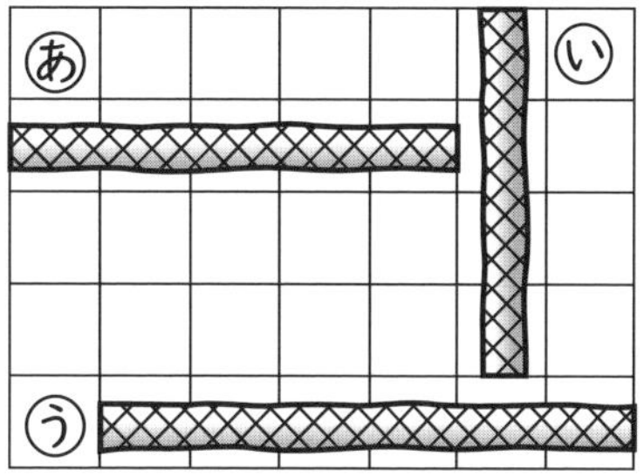

（　　，　　，　　）

2 みずが　おおい　じゅんに　㋐，㋑，㋒で　こたえましょう。【10 てん】

（　　，　　，　　）

3 ひろい　じゅんに，㋐，㋑，㋒で　こたえましょう。【10 てん】

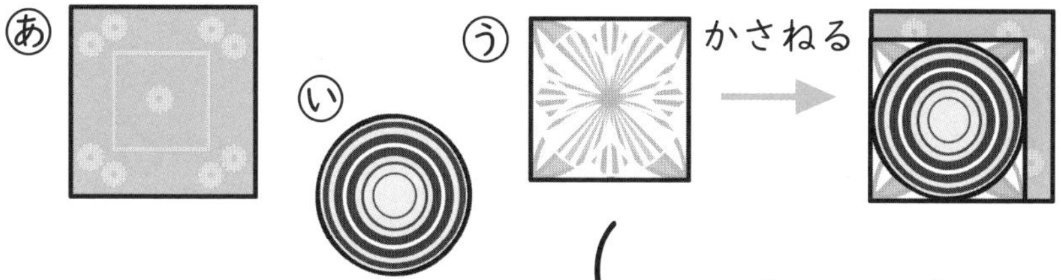

（　　，　　，　　）

4 けいさんを　しましょう。　1 つ 5 てん【40 てん】

① 3＋7＋6　　② 12−2−4

③ 10−8＋6　　④ 2＋8−6

⑤ 9＋8　　⑥ 7＋0

⑦ 5−0　　⑧ 12−4

5 きんぎょが　14 ひき　います。5 ひき　すくうと，のこりは　なんびきに　なりますか。
しき 8 てん，こたえ 7 てん【15 てん】

（しき）

こたえ ＿＿＿＿＿＿

6 じゃがいもを，カレーに　8 こ，サラダに　6 こ　つかいました。ぜんぶで　なんこ　つかいましたか。
しき 8 てん，こたえ 7 てん【15 てん】

（しき）

こたえ ＿＿＿＿＿＿

さんすう 27

いろいろな　かたち

もくひょうじかん 15 ふん

がくしゅうした日　　月　　日

なまえ

とくてん

100てん まんてん

こたえ ▶ 82ページ

1　つみきと　おなじ　かたちの　なかまを　せん（線）で　つなぎましょう。　1つ8てん【32てん】

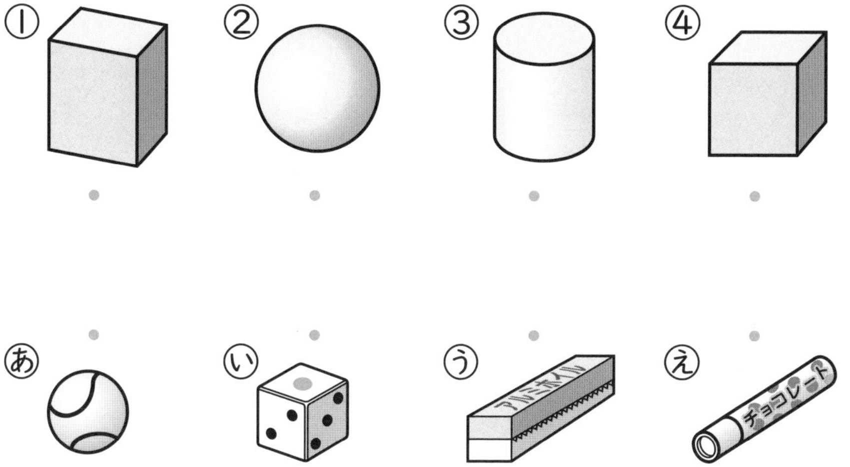

2　みぎの　かたちに　ついて，あ，い，うで　こたえましょう。　1つ9てん【18てん】

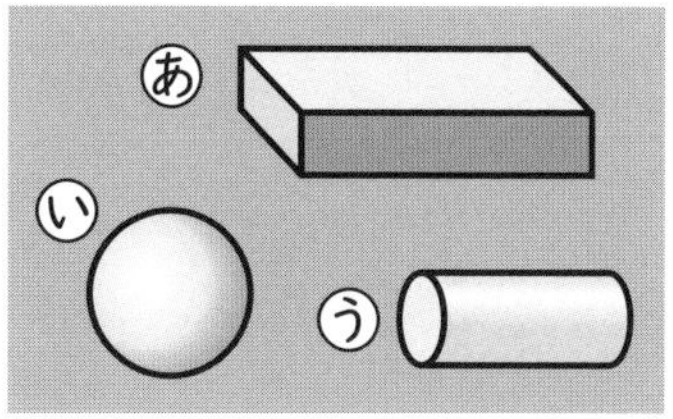

① どのように　おいても，よく　ころがる　かたちは　どれですか。　（　　　）

② たいらな　ところだけで　できて　いる　かたちは　どれですか。　（　　　）

3　はこの　かたちと　つつの　かたちは，それぞれ　なんこ　あるでしょう。　1つ10てん【20てん】

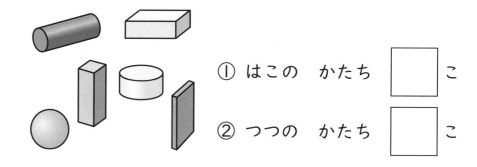

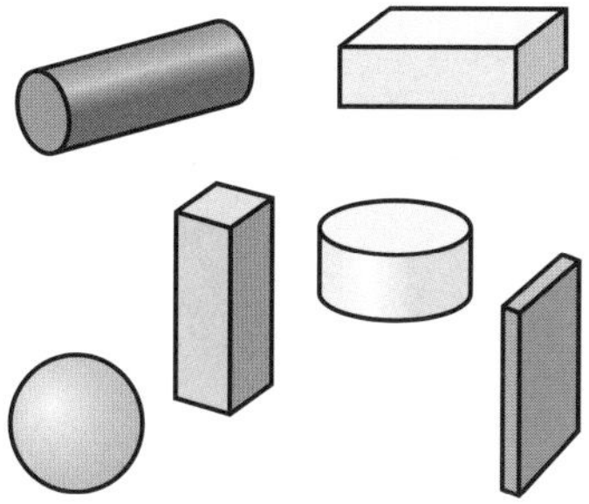

① はこの　かたち　□ こ

② つつの　かたち　□ こ

4　①，②，③は，あ，い，うの　どの　つみきの　そこを　うつした　ものですか。　1つ10てん【30てん】

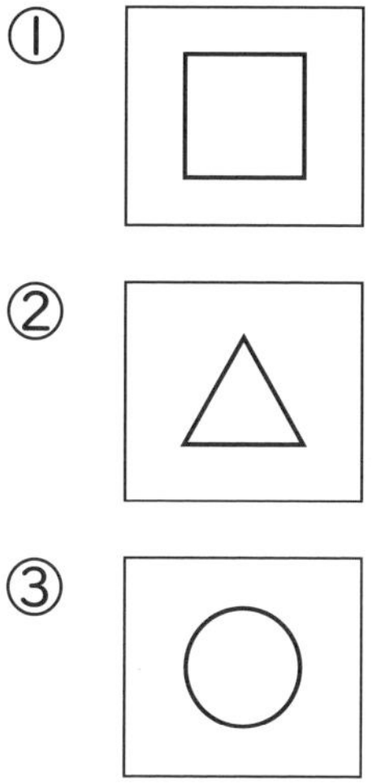

①（　　　）

②（　　　）

③（　　　）

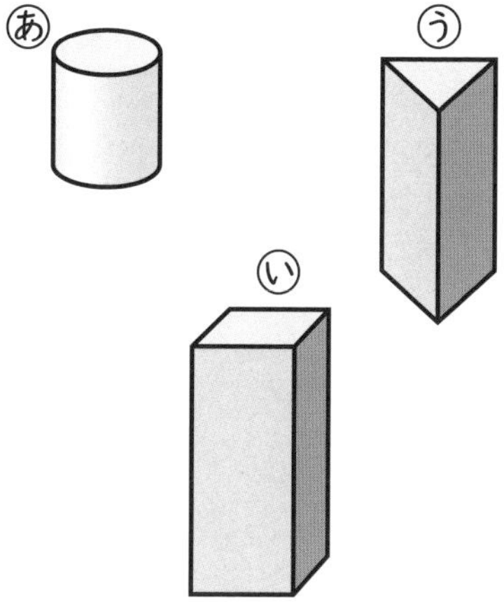

おおきな　かずの　しくみ

もくひょうじかん 15 ふん

がくしゅうした日　月　日

なまえ

とくてん

100てん まんてん

こたえ ▶ 82ページ

1 ぼうの　かずと　あう　すうじを　—(せん)で　つなぎましょう。　1つ7てん【21てん】

①
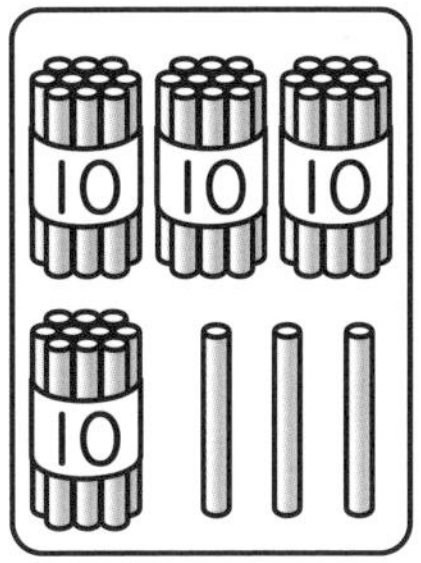

②

③
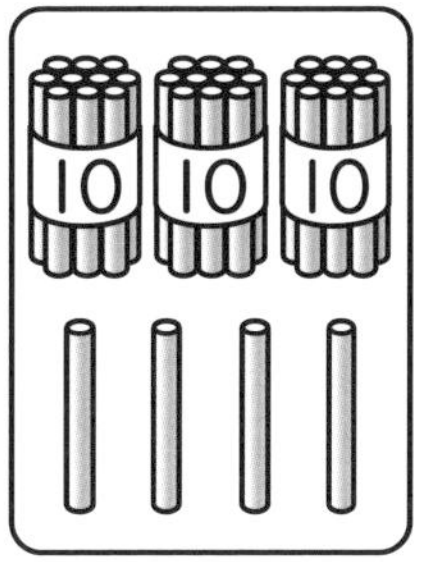

Ⓐ 34　　Ⓘ 40　　Ⓤ 43

2 かずを　かぞえて，すうじで　かきましょう。　1つ9てん【18てん】

①
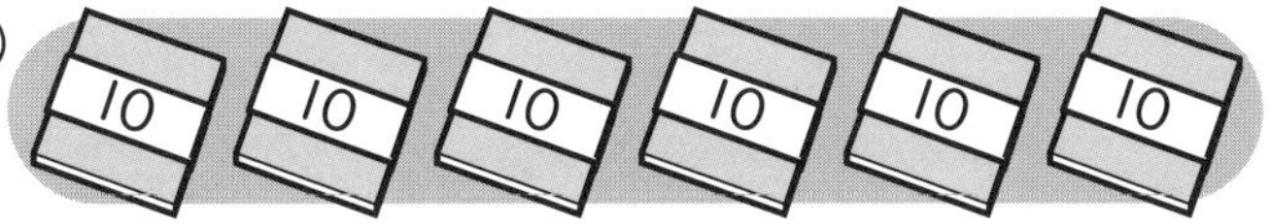

□

②
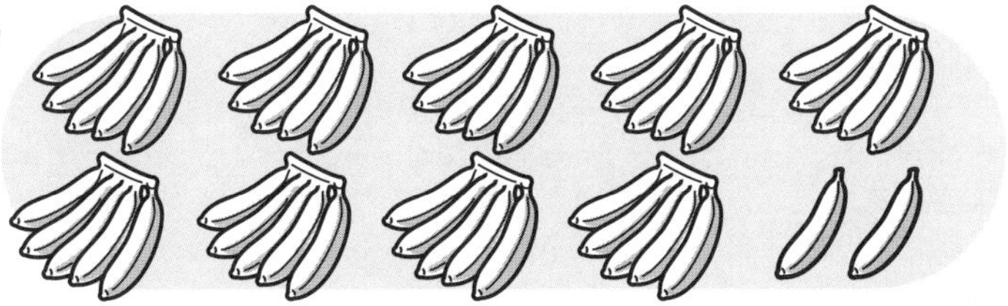
□

3 □に　あう　かずを　かきましょう。　1つ9てん【45てん】

① 10が　3こと　1が　8こで　□

② 10が　7こで　□

③ 58は，10が　□こと　1が　□こ

④ 90は，10が　□こ

⑤ 十(じゅう)のくらいが　8，一(いち)のくらいが　0の　かずは　□

4 つぎの　かずの　なかで，十のくらいが　6の　かずを　ぜんぶ　かきましょう。　ぜんぶできて【16てん】

46　　60　　96　　6　　62

(　　　　　　　　)

さんすう 29

おおきな　かずの　おおきさ

もくひょうじかん 15 ふん

がくしゅうした日　　月　　日

なまえ

とくてん　　100てん まんてん

こたえ ▶ 82ページ

1 ↓の　めもりの　かずを　□に　かきましょう。

1つ6てん【24てん】

①

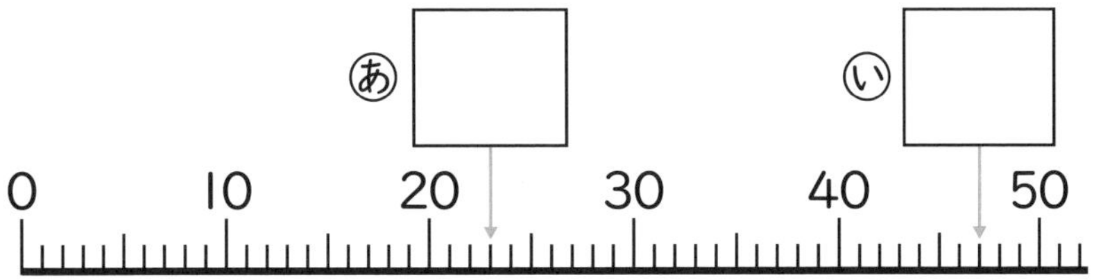

②

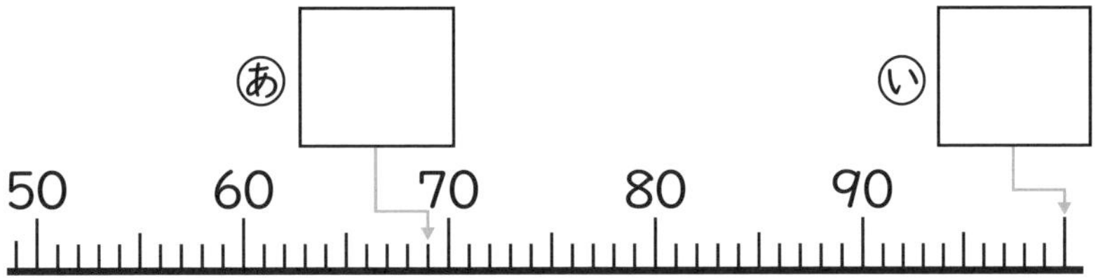

2 つぎの　かずを　かきましょう。　1つ7てん【28てん】

① 50より　3　おおきい　かず（　　　）

② 65より　10　おおきい　かず（　　　）

③ 80より　1　ちいさい　かず（　　　）

④ 100より　5　ちいさい　かず（　　　）

3 □に　あう　かずを　かきましょう。　1つ6てん【24てん】

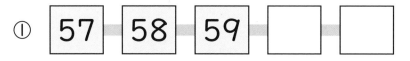

① 57　58　59　□　□

② 70　75　80　□　□

4 おおきい　ほうに　○を　つけましょう。

1つ6てん【12てん】

① 54（　）　45（　）　② 96（　）　98（　）

5 かみの　かずを　すうじで　かきましょう。

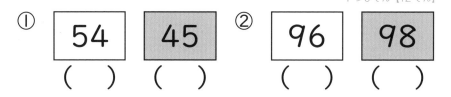

1つ6てん【12てん】

①

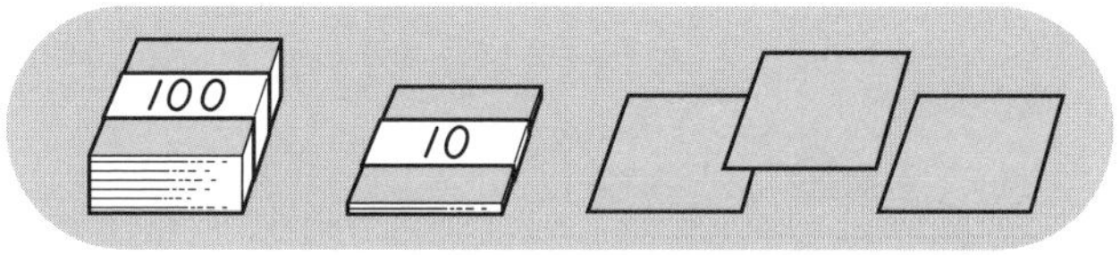

□

②

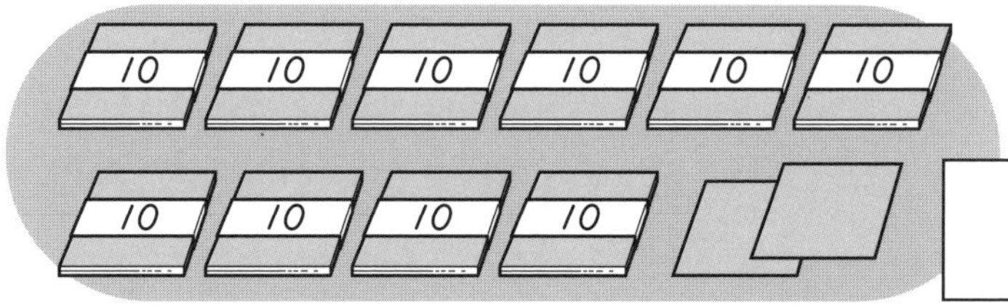

□

さんすう 30

おおきな　かずの　けいさん

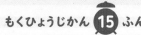

もくひょうじかん 15 ふん

がくしゅうした日　　月　　日

なまえ

とくてん

100てん まんてん

こたえ ▶ 82ページ

1 □に　かずを　かきましょう。　1つ5てん【10てん】

① 40に　3を　たした　かずは　43です。

→（しき）40＋□＝□

② 36から　2を　ひいた　かずは　34です。

→（しき）36－□＝□

2 けいさんを　しましょう。　1つ5てん【40てん】

① 20＋4　　② 60＋8

③ 43＋5　　④ 76＋2

⑤ 17－7　　⑥ 38－8

⑦ 16－3　　⑧ 55－2

3 □に　かずを　かきましょう。　1つ5てん【10てん】

① 30に　20を　たした　かずは　50です。

→（しき）30＋□＝□

② 50から　20を　ひいた　かずは　30です。

→（しき）50－□＝□

4 けいさんを　しましょう。　1つ5てん【40てん】

① 10＋40　　② 50＋30

③ 20＋70　　④ 40＋60

⑤ 60－50　　⑥ 90－40

⑦ 100－30　　⑧ 100－80

さんすう 31

なんじなんぷん

もくひょうじかん 15 ふん

がくしゅうした日　　月　　日

なまえ

とくてん

100てん まんてん

こたえ ▶ 83ページ

1 なんじなんぷんですか。　1つ10てん【60てん】

①

(　　　　　)

②
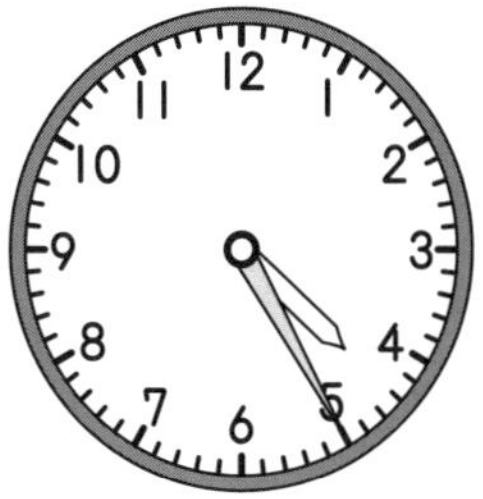
(　　　　　)

③
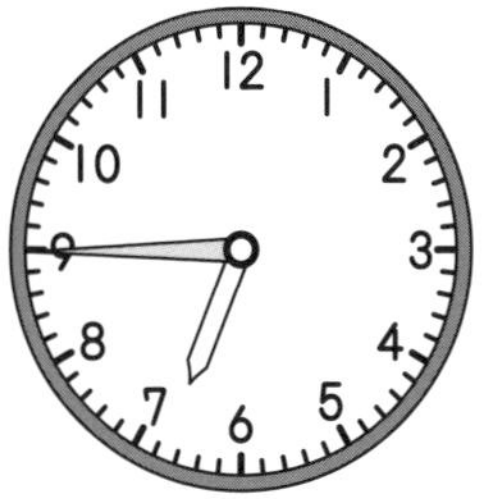
(　　　　　)

④

(　　　　　)

⑤

(　　　　　)

⑥

(　　　　　)

2 ながい　はりを　かきましょう。　1つ8てん【16てん】

①　8じ20ぷん
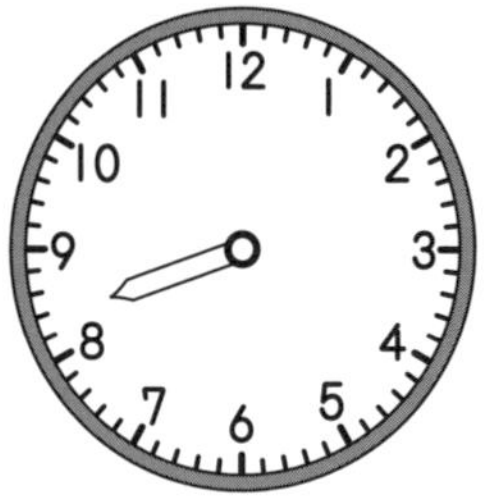

②　2じ47ふん
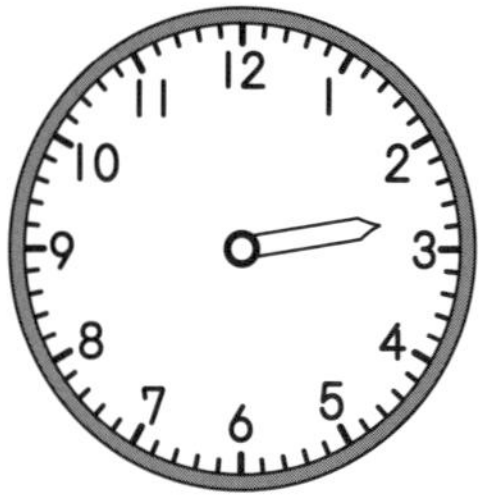

3 とけいと　あう　えを　えらんで，㋐，㋑，㋒で
こたえましょう。　1つ8てん【24てん】

①

(　　　)

②

(　　　)

③

(　　　)

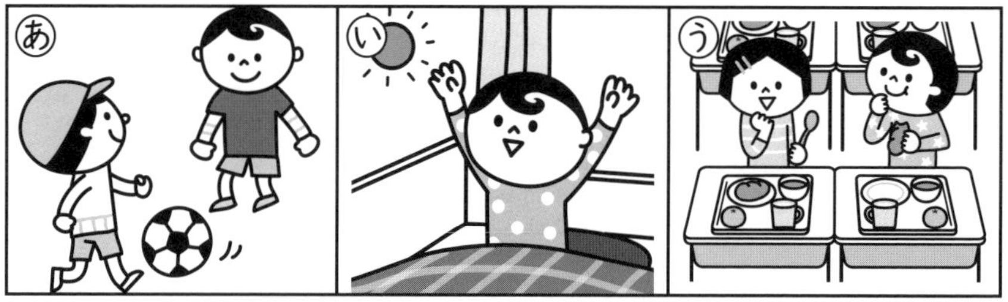

もくひょうじかん 15 ふん

がくしゅうした日　月　日

なまえ

とくてん

100てん まんてん

こたえ ▶ 83ページ

さんすう 32 たしざんと　ひきざん①

1　こうえんに，こどもが　7にん　います。
おとなは，こどもより　5にん　おおいそうです。
おとなは，なんにん　いますか。しき 10 てん，こたえ 10 てん【20 てん】

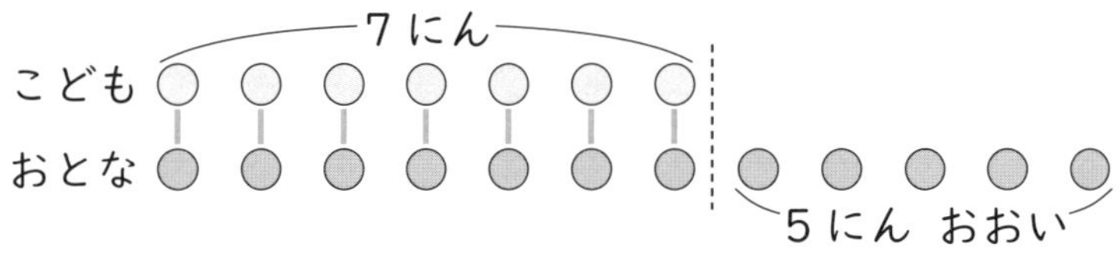

（しき）

こたえ ＿＿＿＿＿＿

2　じゃがいもを　13こ　かいました。たまねぎは，
じゃがいもより　4こ　すくなく　かいました。
たまねぎは，なんこ　かいましたか。
しき 10 てん，こたえ 10 てん【20 てん】

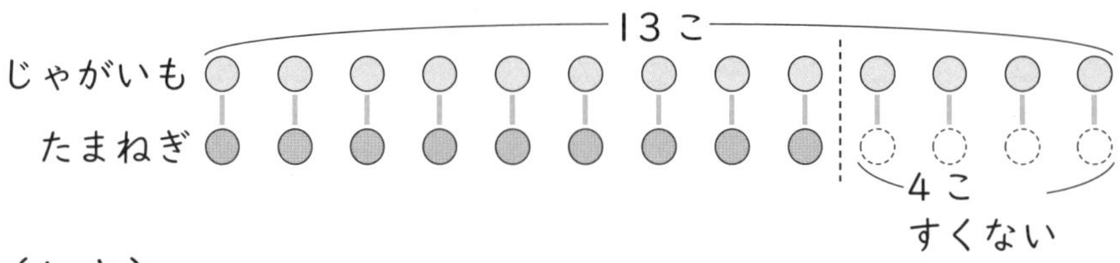

（しき）

こたえ ＿＿＿＿＿＿

3　なわとびを　しました。みゆきさんは　8かい
とびました。たかしさんは，みゆきさんより
7かい　おおく　とびました。たかしさんは，
なんかい　とびましたか。しき 10 てん，こたえ 10 てん【20 てん】

（しき）

こたえ ＿＿＿＿＿＿

4　どうぶつえんに，さるが　16ぴき　います。
きつねは，さるより　9ひき　すくないそうです。
きつねは，なんびき　いますか。しき 10 てん，こたえ 10 てん【20 てん】

（しき）

こたえ ＿＿＿＿＿＿

5　おとなが　7にん，こどもが　8にん　います。
ケーキ（けえき）を　1こずつ　くばるには，ケーキは
なんこ　あれば　よいですか。しき 10 てん，こたえ 10 てん【20 てん】

（しき）

こたえ ＿＿＿＿＿＿

さんすう 33

たしざんと　ひきざん②

もくひょうじかん 15 ふん

がくしゅうした日　　月　　日

なまえ

とくてん

100てん まんてん

こたえ ▶ 83ページ

1　１れつに　ならんで　います。けんじさんは　まえから　８ばんめです。けんじさんの　うしろには　５にん　います。みんなで　なんにん　いますか。

しき 10 てん，こたえ 10 てん【20 てん】

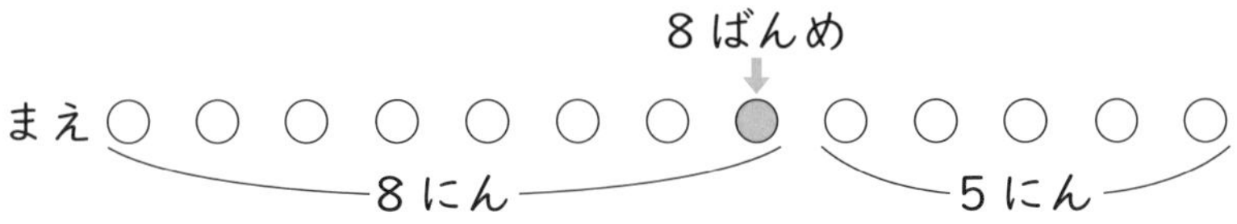

（しき）

こたえ ＿＿＿＿＿＿

2　がようしが　１１まい　あります。８にんに　１まいずつ　くばると，なんまい　のこりますか。

しき 10 てん，こたえ 10 てん【20 てん】

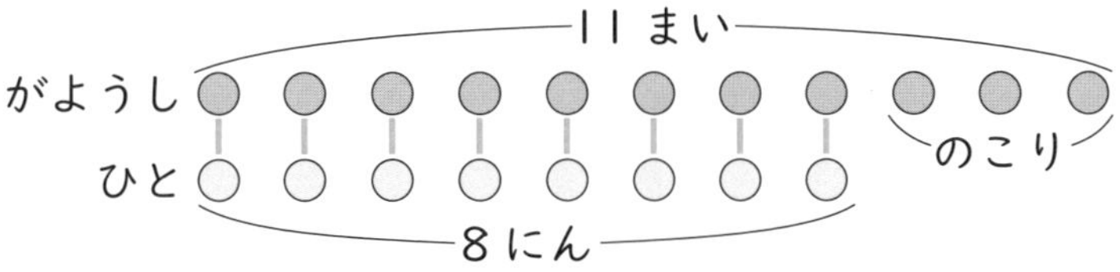

（しき）

こたえ ＿＿＿＿＿＿

3　１れつに　１２にん　ならんで　います。ゆりさんは　まえから　７ばんめです。ゆりさんの　うしろには　なんにん　いますか。

しき 10 てん，こたえ 10 てん【20 てん】

（しき）

こたえ ＿＿＿＿＿＿

4　しゃしんを　とります。７つの　いすに　ひとりずつ　すわり，うしろに　９にん　たちます。なんにんで　しゃしんを　とるのですか。

しき 10 てん，こたえ 10 てん【20 てん】

（しき）

こたえ ＿＿＿＿＿＿

5　でんしゃの　まえから　４りょうめに　のりました。うしろには　７りょう　つながって　います。この　でんしゃは　ぜんぶで　なんりょうですか。

しき 10 てん，こたえ 10 てん【20 てん】

（しき）

こたえ ＿＿＿＿＿＿

かたちづくり

もくひょうじかん 15 ふん

がくしゅうした日　月　日

なまえ

とくてん

100てん まんてん

こたえ 84ページ

1 つぎの　かたちは，あを　なんまい　つかうと　できますか。 1つ10てん【50てん】

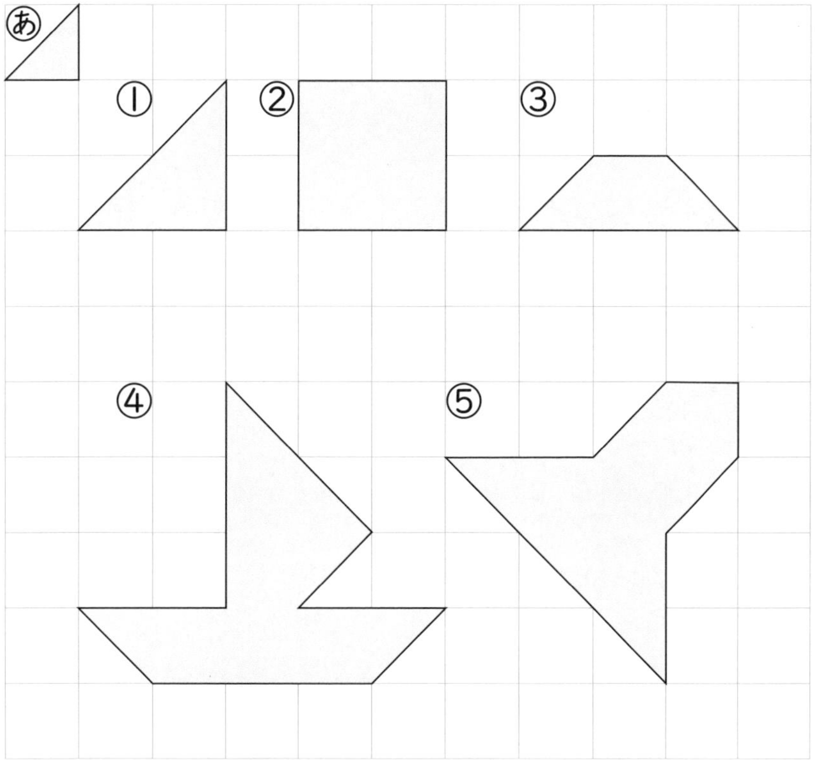

①（　　　　）まい　②（　　　　）まい

③（　　　　）まい　④（　　　　）まい

⑤（　　　　）まい

2 つぎの　かたちは，おなじ　ながさの　ぼうを　なんぼん　つかって　できていますか。 1つ10てん【50てん】

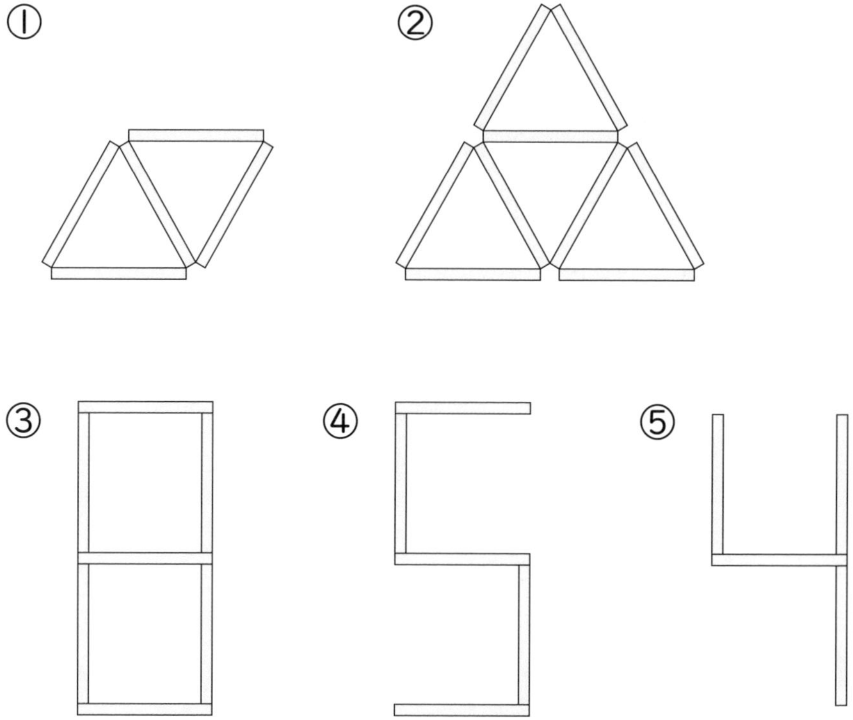

①（　　　　）ほん　②（　　　　）ほん

③（　　　　）ほん　④（　　　　）ほん

⑤（　　　　）ほん

さんすう 35

おなじ　かずずつ，ものの　いち

もくひょうじかん 15 ふん

がくしゅうした日　　月　　日

なまえ

とくてん

100てん まんてん

こたえ ▶ 84ページ

1 こどもが　4にん　います。あめを　ひとりに　2こずつ　あげます。

1つ15てん【30てん】

① あめは　ぜんぶで　なんこ　いりますか。　□こ

② しきを　かいて，たしかめましょう。

□＋□＋□＋□＝□

2 いちごが　12こ　あります。

1つ15てん【30てん】

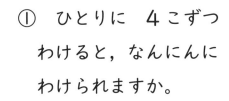

① ひとりに　4こずつ　わけると，なんにんに　わけられますか。　□にん

② 4にんで　おなじ　かずずつ　わけると，ひとりぶんは　なんこに　なりますか。　□こ

3 えを　みて，（　）には　ことばを，□には　かずや　Ⓐ，Ⓘ，Ⓤ，…を　かきましょう。

1つ10てん【40てん】

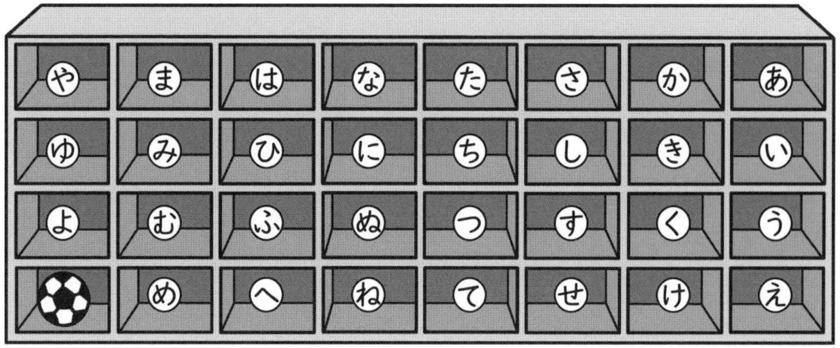

① ㋓の　ロッカー（ろっかあ）は　㋒の（　　　）です。

② ㋜の　ロッカーは　㋗の（　　　）です。

③ ㋪の　ロッカーは　うえから　□ばんめで，ひだりから　□ばんめです。

④ うえから　3ばんめで，みぎから　4ばんめの　ロッカーは　□です。

かくにんテスト③

1 つみきと　おなじ　かたちの　なかまに　○を　つけましょう。　【10てん】

つみき

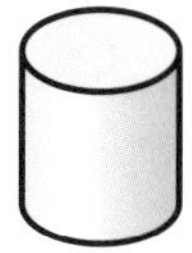

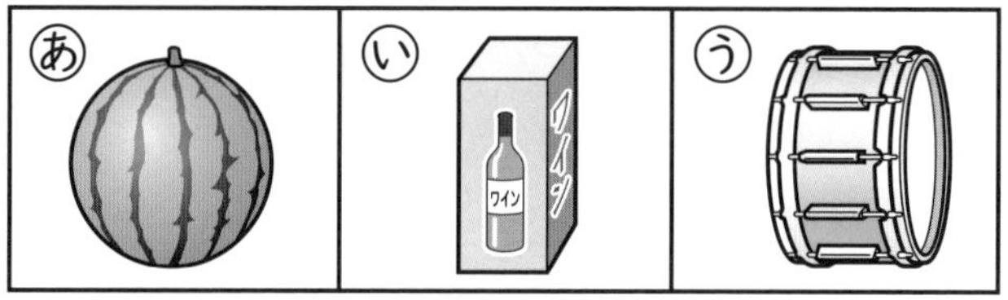

（　）（　）（　）

2 かずを　かぞえて，すうじで　かきましょう。　1つ7てん【14てん】

①

□

②

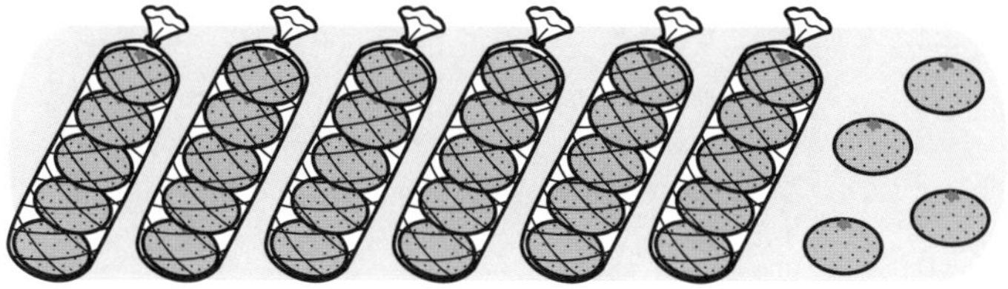

□

3 けいさんを　しましょう。　1つ7てん【28てん】

① 52＋4　　② 77－7

③ 40＋60　　④ 90－30

4 なんじなんぷんですか。　1つ8てん【16てん】

①

（　　　　）

②

（　　　　）

5 みかんが　14こ　あります。8にんが　1こずつ　たべると，なんこ　のこりますか。　しき8てん，こたえ8てん【16てん】

（しき）

こたえ ＿＿＿＿＿＿

6 つぎの　かたちは，あを　なんまい　つかうと　できますか。　しき8てん，こたえ8てん【16てん】

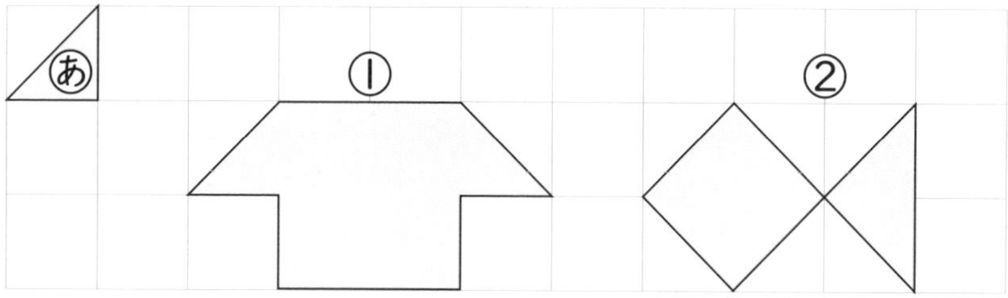

①（　　　　）まい　　②（　　　　）まい

もくひょうじかん 20 ぷん　がくしゅうした日　月　日　なまえ

とくてん　100てん まんてん

こたえ ▶ 85ページ

せいかつ 1　がっこうを　たんけんしよう

1　がっこうを　たんけんしました。たんけんした　ところの　□に　○を　つけましょう。

また，（　　）に　その　へやの　なまえを　かきましょう。

1つ20てん【80てん】

□（　　　　　　）□（　　　　　　）

あ
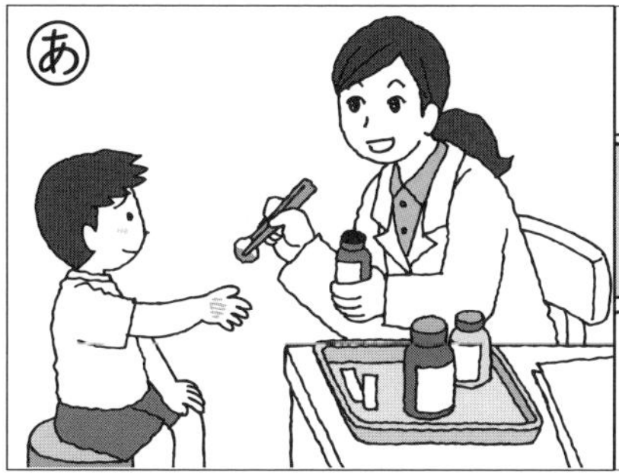

い

□（　　　　　　）□（　　　　　　）

う

え

2　こうていの　えです。すきな　ばしょの　なまえを　かきましょう。

【20てん】

すきな　ばしょ（　　　　　　　　）

★こうていの　えに　いろを　ぬって　みましょう！

せいかつ 2

がっこうに　いる　ひと

もくひょうじかん 20 ぷん

がくしゅうした日　月　日

なまえ

とくてん

100てん まんてん

こたえ ▶ 85ページ

1 ①から　④の　ひとは，がっこうで　どんな　しごとを　して　いましたか。せんで　むすびましょう。

1つ10てん【40てん】

① 

② 

③ 

④ 

あ 

い 

う 

え 

2 ①から　④の　ときに　いう　ことばを　えらんで，（　）に　きごうを　かきましょう。　1つ15てん【60てん】

① あさ　せんせいに　あった　とき。（　　）

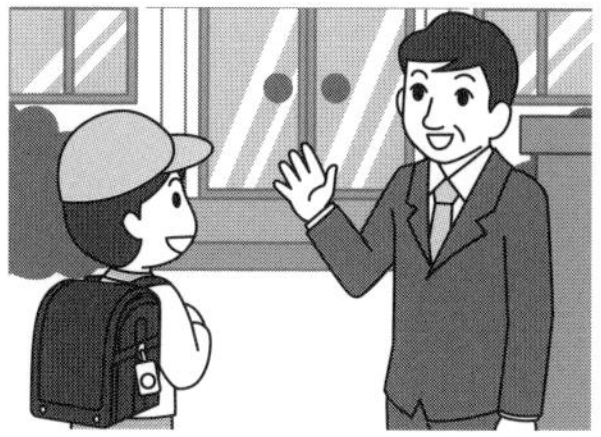

② てあてを　して　もらった　とき。（　　）

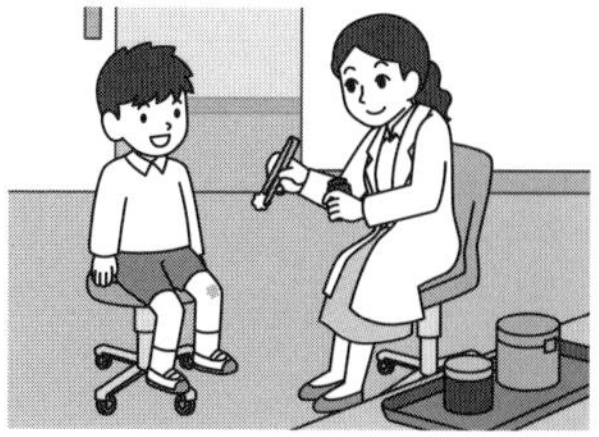

③ しょくいんしつに　はいる　とき。（　　）

④ いつ　つかうか　ききたい　とき。（　　）

あ　ありがとうございます。

い　しつれいします。１ねん○くみの　○○です。

う　おはようございます。

え　どんな　ときに　つかうのですか。

せいかつ 3

つうがくろを　あるこう

もくひょうじかん 20 ぷん

がくしゅうした日（ひ）　　月（がつ）　　日（にち）

なまえ

とくてん

100てん まんてん

こたえ▶85ページ

1 つうがくろを　あるきました。みつけた　ものの □に　○を　つけましょう。

また，それは　どんな　ところですか。せんで　むすびましょう。

1つ15てん【60てん】

① □

② □

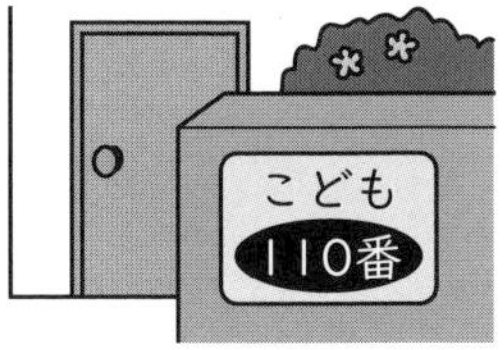

③ □

④ □

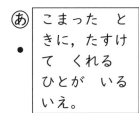

ⓐ こまった　ときに，たすけて　くれる　ひとが　いる　いえ。

ⓘ あんぜんに　どうろを　わたる　ことが　できる　ところ。

ⓤ さいがいが　おきた　とき，ひなんする　ばしょ。

ⓔ がっこうの　ちかくで，こどもが　とおる　みち。

2 つうがくろを　あるきます。どんな　ことに　きを　つけて　あるきますか。えと　あう　ものを　えらんで，（　）に　きごうを　かきましょう。1つ10てん【40てん】

① 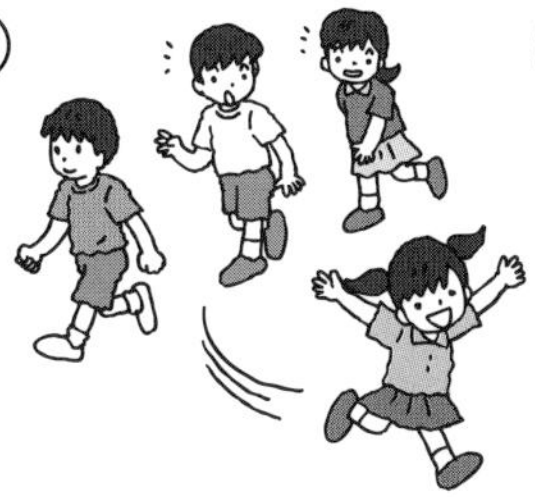（　　）

② （　　）

③ 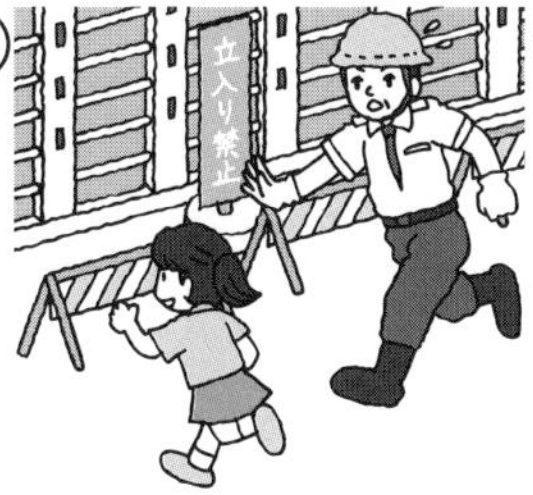

（　　）

④ （　　）

ⓐ おうだんほどうは，あかしんごうでは　わたらない。

ⓘ はいっては　いけない　ところには　はいらない。

ⓤ くるまに　きを　つける。

ⓔ ひとりで　どこかに　いかない。

せいかつ 4

たねまきを　しよう

もくひょうじかん 20 ぷん

がくしゅうした日（ひ）　月（がつ）　日（にち）

なまえ

とくてん

100てん まんてん

こたえ▶85ページ

1　あさがおの　たねまきの　じゅんに，いりぐちから　でぐちまで　たどりましょう。　ぜんぶできて【30 てん】

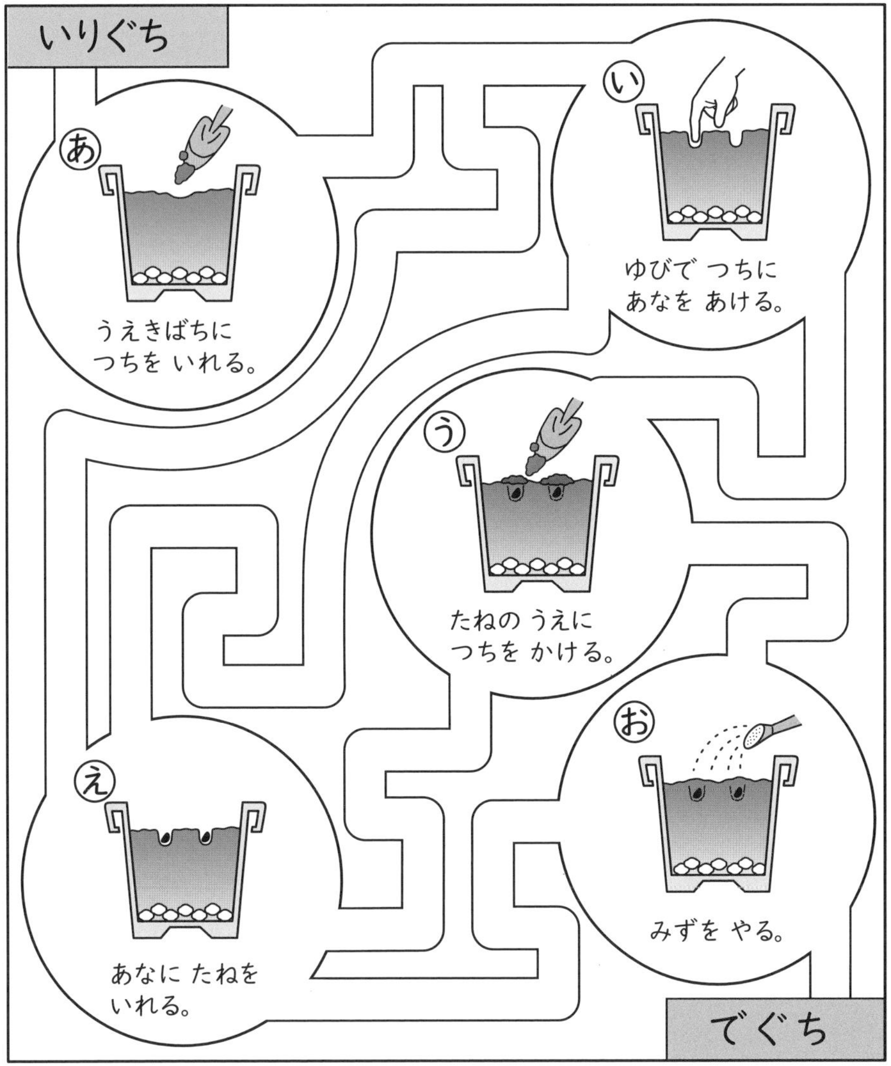

2　あさがおの　そだつ　じゅんに，（　　）に　ばんごうを　かきましょう。　1 つ 10 てん【40 てん】

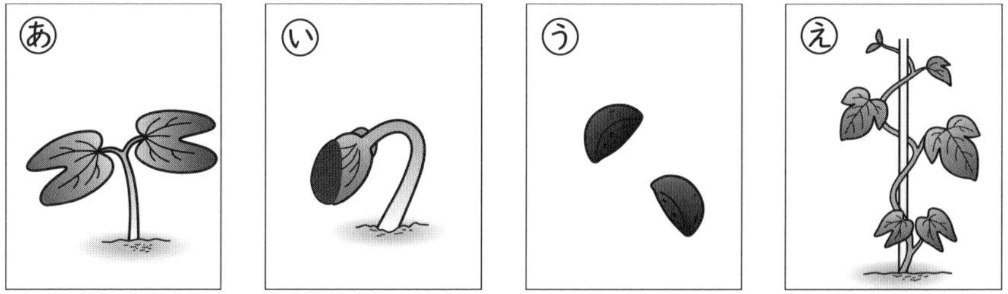

（　　）　（　　）　（　　）　（　　）

3　①，②，③の　たねを　まいて　そだてて　いくと，どんな　はなが　さきますか。せんで　むすびましょう。　1 つ 10 てん【30 てん】

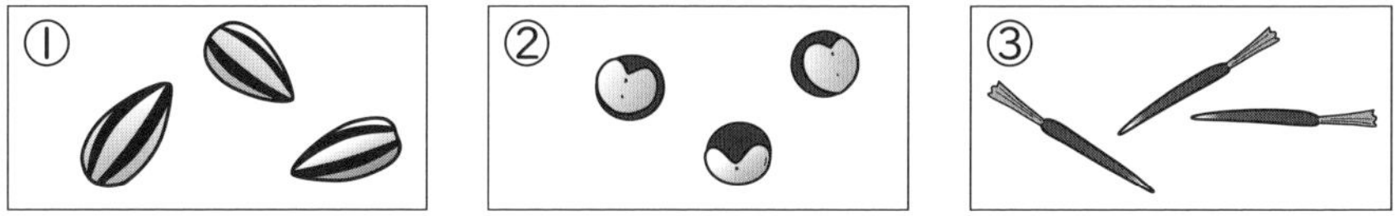

ふうせんかずら　　ひまわり　　まりいごうるど

かくにんテスト①

もくひょうじかん 20 ぷん

がくしゅうした日（ひ）　月（がつ）　日（にち）

なまえ

とくてん　100てん まんてん

こたえ ▶ 85ページ

1 がっこうを　たんけんして，えのような　へやを　みつけました。へやの　なまえを　（　）に　かきましょう。

1つ10てん【30てん】

① 
② 
③ 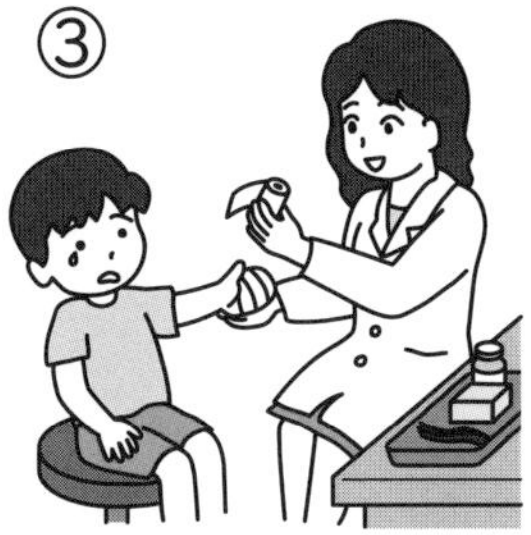

（　　　）（　　　）（　　　）

2 そとでは　どんな　ことに　きを　つけますか。せんで　むすびましょう。

1つ10てん【20てん】

①  •　　• あ みちで　よこに ひろがって あるかない。

②  •　　• い きゅうに みちに とびださない。

3 えの　たねは，どんな　はなの　たねですか。なまえを　□から　えらんで，（　）に　かきましょう。

1つ10てん【30てん】

①（　　　）
②（　　　）
③（　　　）

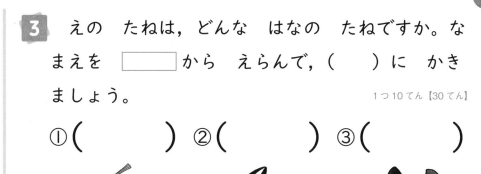

あさがお　ふうせんかずら　ほうせんか　まりいごうるど　ひまわり

4 あさがおの　たねまきの　じゅんに，□に　ばんごうを　かきましょう。

ぜんぶできて【20てん】

あ □ つちを いれる。

い □ みずを やる。
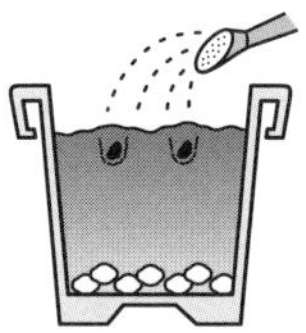

う □ つちに あなを あける。

え □ たねを　いれて つちを かける。

はなを　そだてよう

もくひょうじかん 20 ぷん

がくしゅうした日　　月　　日

なまえ

とくてん

100てん まんてん

こたえ ▶ 85ページ

1　あさがおの　めが　でました。どんな　かたちを　して　いますか。①，②，③から　１つ　えらびましょう。【10 てん】

①

②
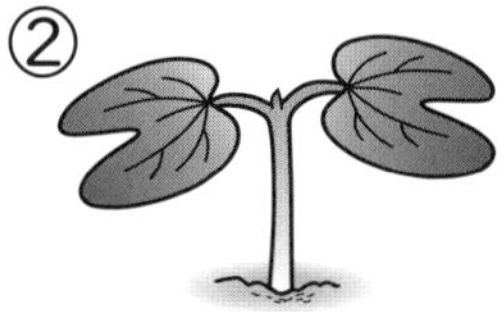
③

（　　）

2　あさがおが　そだって　きました。どんな　せわを　しますか。つぎから　ただしい　ものを　２つ　えらんで，（　　）に　○を　つけましょう。

1つ15てん【30 てん】

①（　　）まいにち　みずを　やる。

②（　　）みずは　10日に　1かいだけ　やる。

③（　　）はっぱが　でて　きたら，はさみで　きる。

④（　　）はっぱが　５～６まいに　なったら，ささえの　ぼうを　たてる。

3　かだんには　きせつに　よって　いろいろな　はなが　さきます。はなの　なまえを　□　から　えらんで，（　　）に　かきましょう。1つ15てん【60 てん】

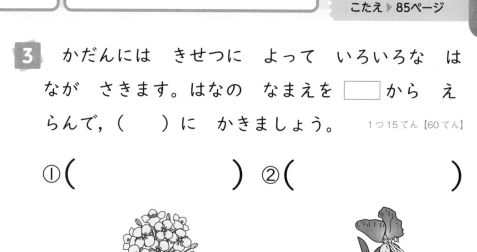

①（　　　　　　）　②（　　　　　　）

③（　　　　　　）　④（　　　　　　）

つゆくさ	まりいごうるど
あぶらな	あじさい

せいかつ 7

そとで　あそぼう

もくひょうじかん 20 ぷん

がくしゅうした日（ひ）　　月（がつ）　　日（にち）

なまえ

とくてん

100てん まんてん

こたえ ▶ 86ページ

1　そとで　えのような　あそびを　して　います。あそびと　なまえを　せんで　むすびましょう。

1つ10てん【40てん】

①　•　　　　•くさずもう（おおばこずもう）

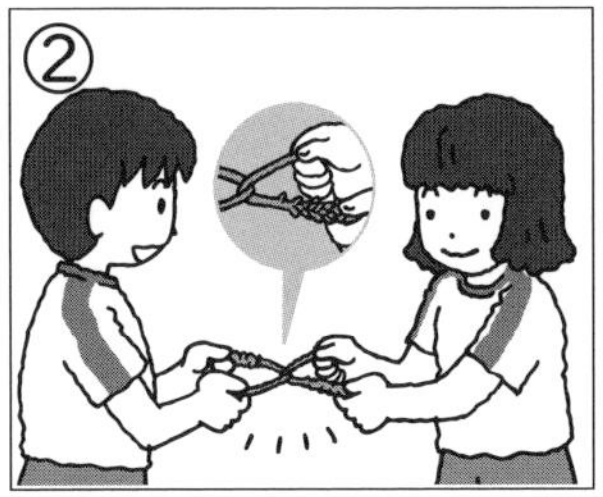

②　•　　　　•どろあそび（どろだんご）

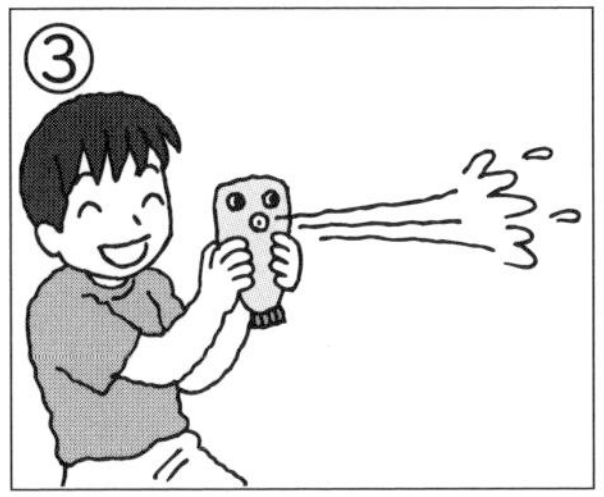

③　•　　　　•しろつめくさの かんむりづくり

④　•　　　　•みずでっぽう

2　そとで　あそぶ　ときは，どんな　ことに　きを　つけますか。えと　あう　ものを　えらんで，（　　）に　きごうを　かきましょう。

1つ20てん【60てん】

①

②

③

（　　）　（　　）　（　　）

㋐　じゅんばんを　まもって　みんなで　なかよく　あそぶ。

㋑　こうえんなどの　はなや　きなどを　おったり　とったり　しない。

㋒　ひとりで　どこかに　いかない。

せいかつ 8

なつが　きたよ

もくひょうじかん 20 ぷん

がくしゅうした日　　月　　日

なまえ

とくてん

100てん まんてん

こたえ ▶ 86ページ

せいかつ

1　①から　④の　えに　ついての　せつめいを　えらんで，せんで　むすびましょう。　1つ13てん【52てん】

①

②

③

④

㋐　まいあさ　はやおきを　して，らじおたいそうを　して　います。

㋑　かぞくで　うみに　いきました。

㋒　こうえんで　せみを　とりました。せみの　ぬけがらも　みつけました。

㋓　ゆかたを　きて，はなびを　しました。

2　きれいに　さいた　はなを　つかって　あそびます。①，②，③の　あそびの　なまえを □ から　えらんで，（　）に　かきましょう。　1つ16てん【48てん】

①

かみに はさむ。　かるく たたく。　こする。（　　　　　）

②
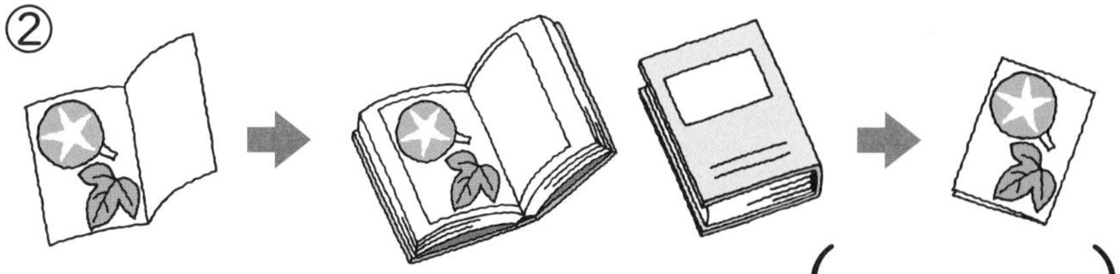

かみに はさむ。　ほんの あいだに はさむ。（　　　　　）

③

みずを　いれて　よく　もむ。ふくろを　きる。（　　　　　）

おしばな	いろみずあそび	たたきぞめ

むしを　みつけよう

もくひょうじかん 20 ぷん

がくしゅうした日　　月　　日

なまえ

とくてん

100てん まんてん

こたえ ▶ 86ページ

1 こうていで　むしを　みつけました。なまえを [　　] から　えらんで，（　　）に　かきましょう。

1つ13てん【65てん】

①
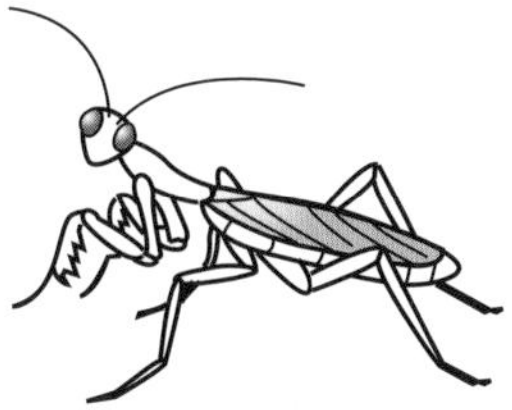
（　　　　　　）

②

（　　　　　　）

③

（　　　　　　）

④
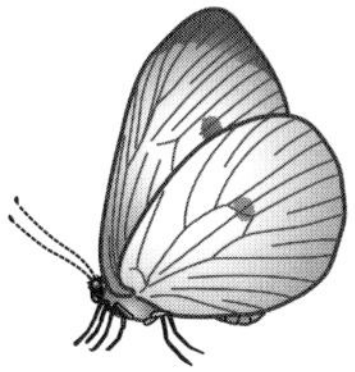
（　　　　　　）

⑤

（　　　　　　）

かまきり　あり てんとうむし もんしろちょう だんごむし

2 しょうりょうばったを　かいます。

① しょうりょうばったの　えさに　なる　ものを　すべて　えらんで，（　）に　○を　つけましょう。

ぜんぶできて【15てん】

（　　）りんご　　（　　）おひしば

（　　）えのころぐさ

② つぎのように　して　しょうりょうばったを　かって　います。どんな　ところが　まちがって　かかれて　いますか。あ〜うから　1つ　えらんで，（　）に　きごうを　かきましょう。【20てん】（　　）

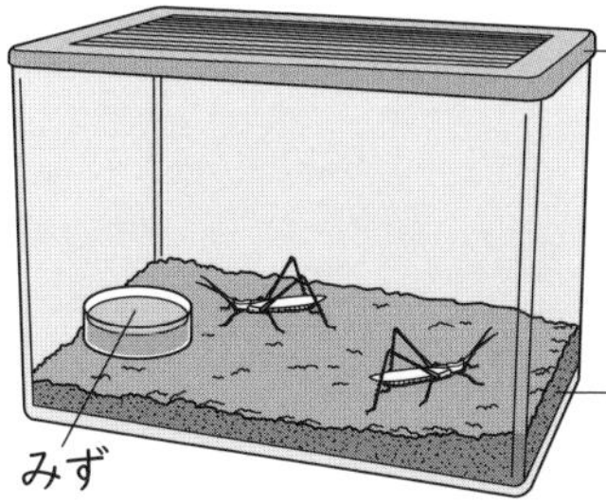

あ　しっかり　ふたを　して　いる。 い　そこに　つちを　いれて　いる。 う　えさの　かわりに　たくさんの　みずを　いれて　いる。

かくにんテスト②

もくひょうじかん 20 ぷん

がくしゅうした日　月　日

なまえ

とくてん

100てん まんてん

こたえ ▶ 86ページ

1 あさがおが　そだって　いく　じゅんに　ならべます。あ，いの　えから　あう　ほうを　えらんで，□に　きごうを　かきましょう。 1つ15てん【30てん】

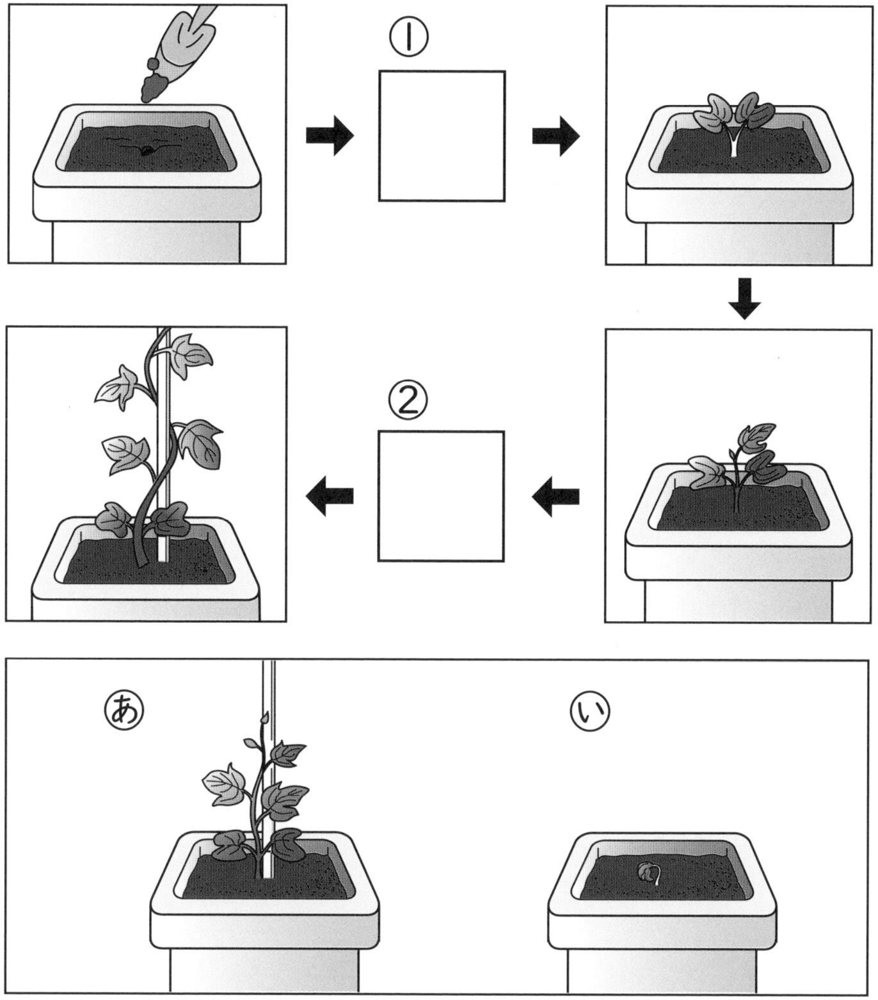

2 つぎの　ぶんしょうの　（　　）の　なかに　はいる　ことばを，したの □ から　えらんで，かきましょう。 1つ20てん【40てん】

そとで　あそぶ　ときは，（　　　　）や　ひとに　きを　つけましょう。また，（　　　　）は　いけない　ところには，ぜったいに　はいらないように　しましょう。

くるま　はいって

3 つぎの　ぶんに　あう　いきものを　せんで　むすびましょう。 1つ15てん【30てん】

① かわなどの　みずべに　すむ　いきもので，おしりが　ひかるのが　とくちょうです。 •

② せなかに　からを　もつ，じめじめと　した　ところが　すきな　いきものです。 •

• あ
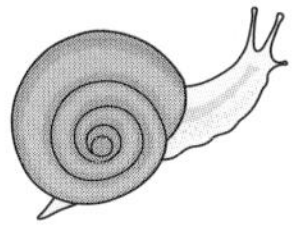

• い
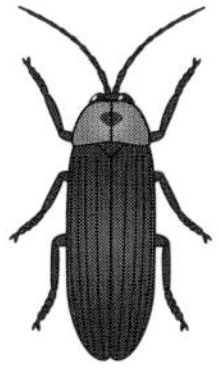

たねとりを　しよう

もくひょうじかん 20 ぷん

がくしゅうした日　月　日

なまえ

とくてん

100てん まんてん

こたえ ▶ 86ページ

1　いろいろな　たねが　とれました。たねと　あう　はなを　せんで　むすびましょう。　1つ15てん【45てん】

①　ひまわり　　②　あさがお　　③　まりいごうるど

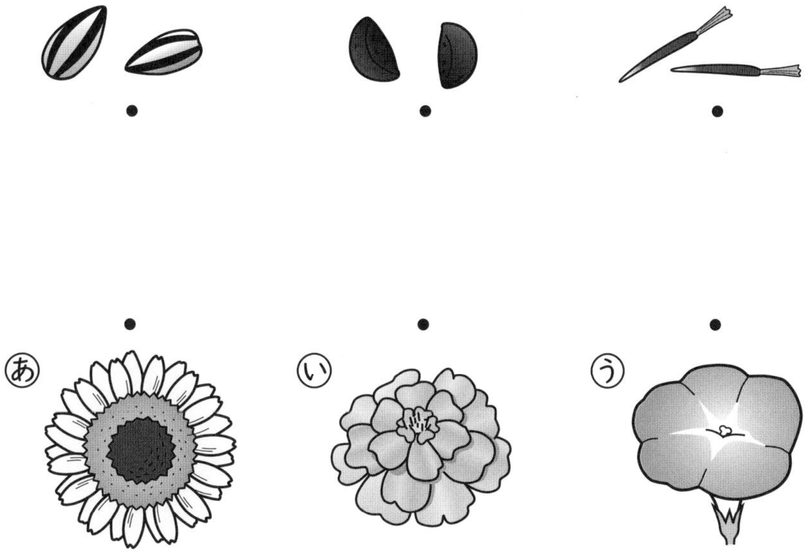

2　らいねんの　はるに，ちゅうりっぷの　はなを　さかせるには，いつごろ　きゅうこんを　うえると　よいですか。①，②，③から　１つ　えらんで，（　）に　○を　つけましょう。　【15てん】

①　はる（　　）　②　なつ（　　）

③　あき（　　）

3　ちゅうりっぷの　きゅうこんを　うえました。ただしい　うえかた　２つに　○を　つけましょう。　1つ10てん【20てん】

あ（　　）

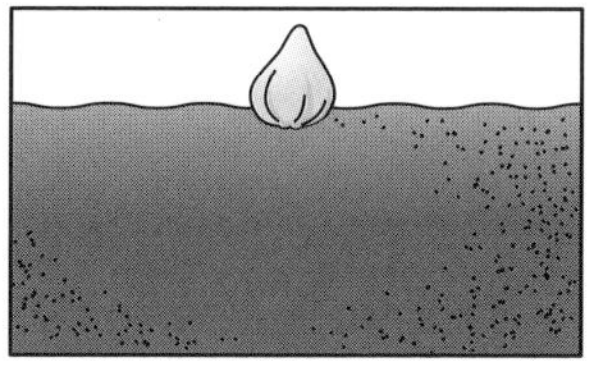

い（　　）

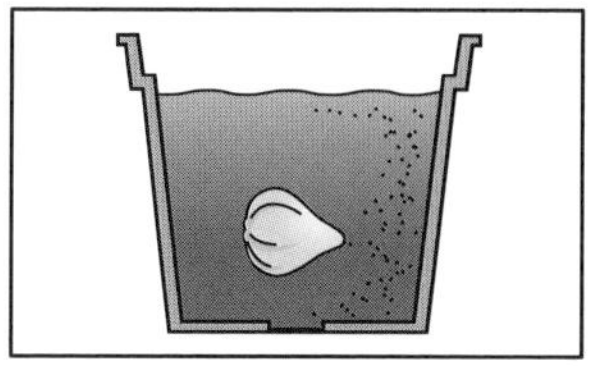

う（　　）

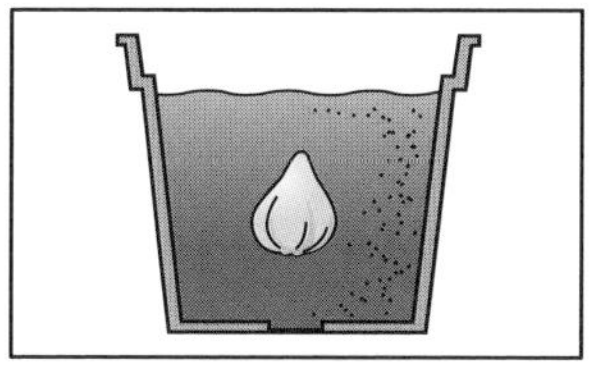

え（　　）

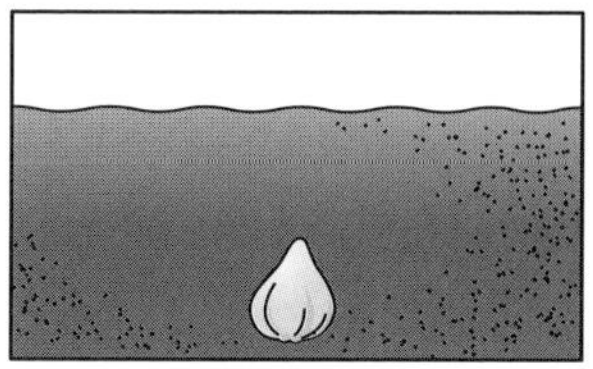

4　ひまわりの　たねを　かぞえます。どのように　して　かぞえたら　よいですか。かぞえやすい　ほうの　（　）に　○を　かきましょう。　【20てん】

あ　たねを　10こずつに　わけてから　かぞえる。（　　）	い　１つずつ　かぞえる。（　　）

せいかつ 12

あきが　きたよ

もくひょうじかん 20 ぷん

がくしゅうした日　　月　　日

なまえ

とくてん　　100てん まんてん

こたえ ▶ 87ページ

1 こうえんや　のはらに　おちばが　ありました。

Ⓐ
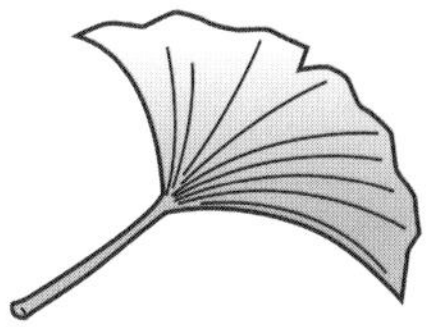

Ⓘ

① Ⓐ，Ⓘは，それぞれ　なんの　はっぱですか。
［　　］から　なまえを　えらんで，かきましょう。
1つ10てん【20てん】

Ⓐ（　　　　　）　Ⓘ（　　　　　）

いちょう　かえで　さくら

② Ⓐ，Ⓘの　おちばの　いろでは　ない　ものを
［　　］から　えらんで，かきましょう。　【10てん】

（　　　　　）

きいろ　あかいろ　しろいろ

③ さくらの　はっぱは，あきに　なると　えだから　おちて　おちばに　なりますか。［　　］から　えらんで，かきましょう。　【10てん】

なる　ならない

（　　　　　）

2 あきの　こうえんや　のはらで　みつけた　ものの　□に　○を　つけましょう。　【60てん】

□

あきあかね

□

すすきの　ほ

□

こすもす

□
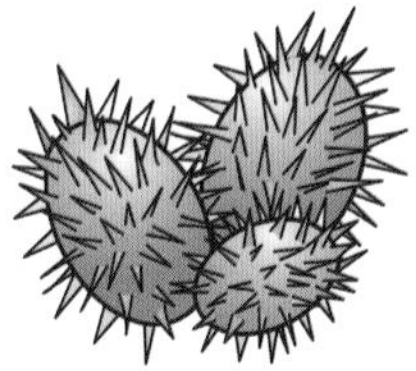
おおおなもみ

□
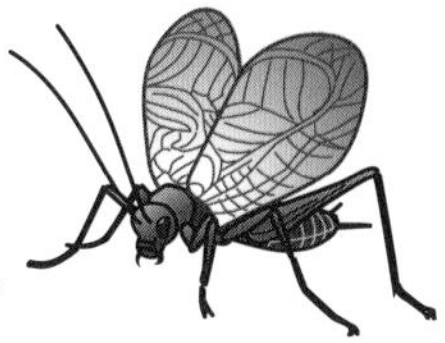
すずむし

□

こおろぎ

●この　ほかに　みつけた　ものを　かきましょう。

じぶんで　できる　こと

もくひょうじかん 20 ぷん

がくしゅうした日　　月　　日

なまえ

とくてん

100てん まんてん

こたえ▶87ページ

1　おうちの　ひとたちと　した　ことが　ある　ものの　□に　○を　つけましょう。【40 てん】

□ みんなで　しょくじの ようい を　した。

□ みんなで　かいものに でかけた。

□ みんなで　りょこうを した。

□ おたんじょうびの おいわいを　した。

●この　ほかに　した　ことを　かきましょう。

2　いつも　して　いる　ことや，したいと　おもって　いる　ことの　□に　○を　つけましょう。【60 てん】

□ しょっき あらい

□ でんわの とりつぎ

□ かいもの

□ せんたく

□ しんぶん とり

□ そうじ

●この　ほかに　して　いる　ことや，したいと　おもう　ことを　かきましょう。

せいかつ 14 ふゆが　きたよ

もくひょうじかん 20 ぷん

がくしゅうした日　　月　　日

なまえ

とくてん

100てん まんてん

こたえ ▶ 87ページ

1 ふゆに　そとで　できる　あそびの　□に　○を　つけましょう。　1つ15てん【45てん】

□ ㋐ ゆきだるま　づくり

□ ㋑ みずあそび

□ ㋒ せみとり

□ ㋓ ゆきがっせん

□ ㋔ すけえと

□ ㋕ しろつめくさの　かんむりづくり

2 ふゆに　みつけた　ものの　□に　○を　つけましょう。　【55てん】

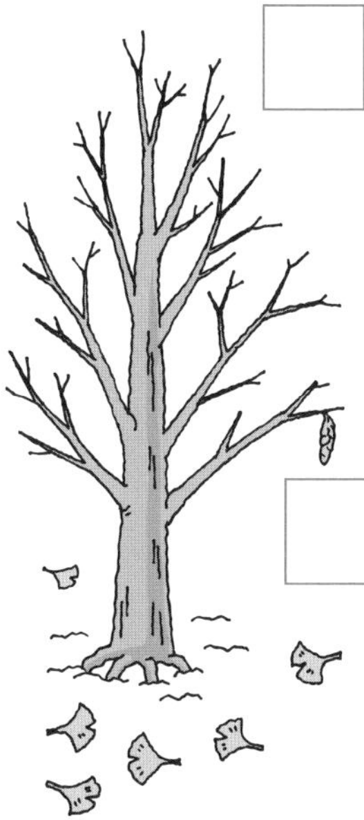

□ はっぱが　ぜんぶ　おちた　いちょう

□ みのむし

□ さくらの　め

□ てぶくろや　まふらあを　して　いる　ひと

□ かまきりの　たまご

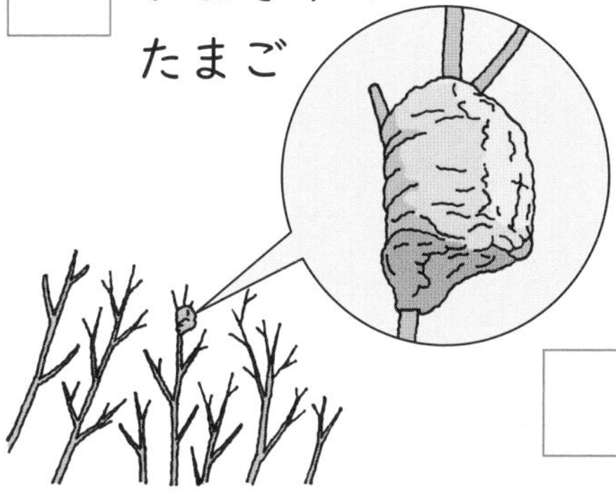

□ はく　いきが　しろく　なった　ところ

せいかつ 15

もうすぐ　2ねんせい

もくひょうじかん 20 ぷん

がくしゅうした日　月　日

なまえ

とくてん

100てん まんてん

こたえ ▶ 87ページ

1　1ねんせいの　あいだに　できるように　なった　ことの　□に　○を　つけましょう。【50てん】

●ほかに　できるように　なった　ことが　あったら　かきましょう。

2　1ねんせいの　あいだで　たのしかった　ことや，おもいでに　のこった　ことを　えと　ぶんしょうで　かきましょう。【50てん】

かくにんテスト③

もくひょうじかん 20 ぷん

がくしゅうした日（ひ）　　月（がつ）　　日（にち）

なまえ

とくてん

100てん まんてん

こたえ ▶ 87ページ

1 ①，②，③は，どんな　ざいりょうで　つくりますか。せんで　むすびましょう。　1つ10てん【30てん】

① どんぐりの　まらかす

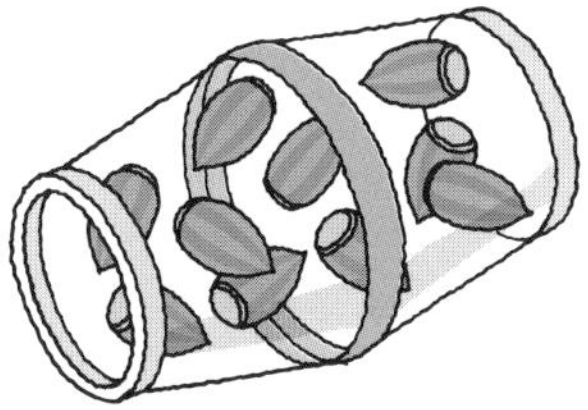

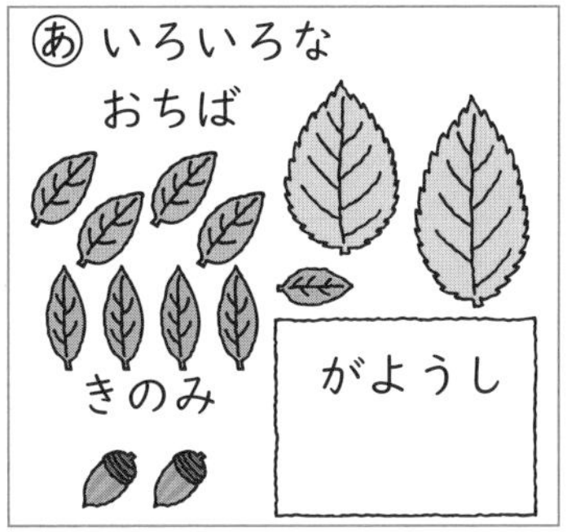

② おちばや　きのみの　はりえ

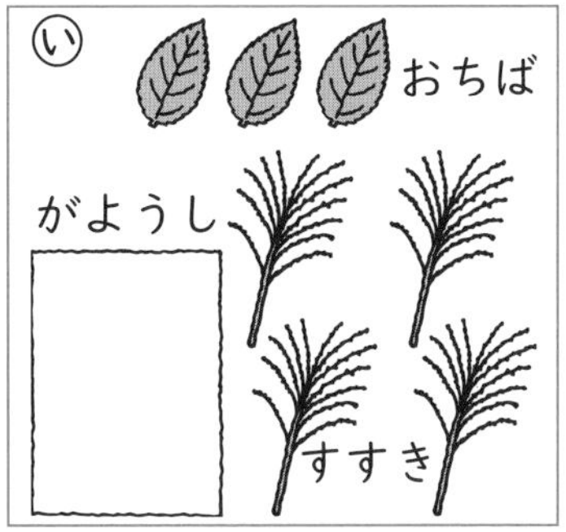

③ かんむり

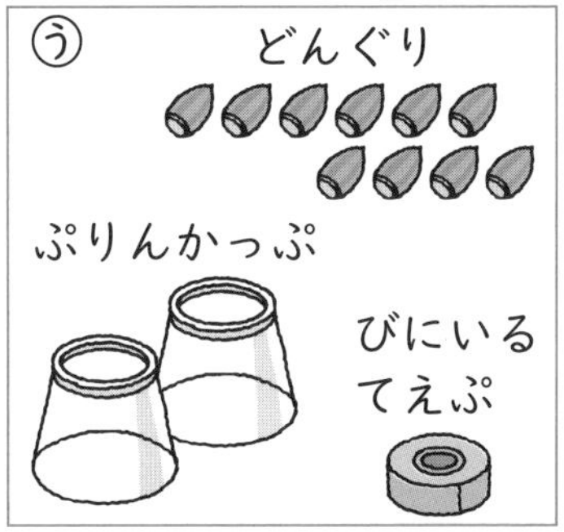

2 つぎの　ことは　はる・なつ・あき・ふゆの　いつ　した　ことか，（　　）に　かきましょう。　1つ10てん【30てん】

（　　　　　）

（　　　　　）

（　　　　　）

3 いえで　して　いる　ことや　てつだって　いる　ことを　かきましょう。　【40てん】

だれが なにを したか よみとろう①

もくひょうじかん 15ふん

がくしゅうした日 月 日

なまえ

とくてん

100てん まんてん

こたえ ▶88ページ

1 おはなしを よんで、こたえましょう。

町の ねずみが あそびに きたので、いなかの ねずみは、むぎを ごちそうしました。ところが、町の ねずみは いいました。
「町には、もっと おいしい ものが あるよ。」
そこで、いなかの ねずみは、町に いきました。町には、おかしや くだものが いっぱい。ところが、たべようと すると、人に 見つかり、つかまりそうに なりました。
いなかの ねずみは いいました。
「どきどきしながら ごちそうを たべるより、のんびり むぎを たべる ほうが いいや。」

（イソップ）

① いなかの ねずみの ところに、だれが あそびに きましたか。

（　　　　）

② 町に いった いなかの ねずみは、どう なりましたか。

・（　　　　）に 見つかり、（　　　　）に なった。

③ 町に いった いなかの ねずみの 気もちは、どちらですか。○を つけましょう。

あ（　）また 町に いって、ごちそうを たべたいな。

い（　）いなかで のんびり むぎを たべる ほうが いいや。

一つ10てん【40てん】

2 「゛」を つけて、えに あう ことばに しましょう。　一つ10てん【30てん】

①  か き

② 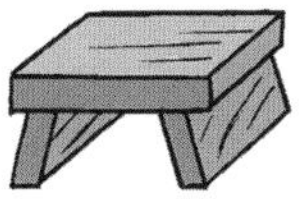 た い

③  は ね

3 えに あう ことばを かきましょう。（うすい 字は、なぞりましょう。）　一つ10てん【30てん】

①  き

②  し

③  ら

だれが なにを したか よみとろう②

もくひょうじかん 15ふん

がくしゅうした日　月　日

なまえ

とくてん

100てん まんてん

こたえ ▶88ページ

1 おはなしを よんで、こたえましょう。【40てん】

のどが かわいた からすが、水（みず）の 入（はい）った ほそながい つぼを 見（み）つけました。ところが、つぼには、そこに 水が すこし 入って いるだけです。からすが くちばしを 入（い）れても、水まで とどきません。

（どう したら、水を のめるかな。）

からすは、小（ちい）さな 石（いし）ころを たくさん あつめると、一（ひと）つ一つ つぼの 中（なか）に おとして いきました。水は、だんだん 上（あ）がって きました。そして、とうとう からすは、水を のむ ことが □。とても おいしい 水でした。

（イソップ）

① からすは、なにを 見つけましたか。 一つ5てん（10てん）

・（　　）の 入った ほそながい（　　）。

② からすは、つぼの 水を のむ ために、どう しましたか。 一つ5てん（15てん）

・小さな（　　）を（　　）あつめて、一つ一つ（　　）の 中に おとした。

③ □に あう ことばは、どちらですか。○を つけましょう。（15てん）

あ（　）できませんでした

い（　）できました

2 えに あう ことばを かきましょう。（うすい 字（じ）は、なぞりましょう。） 一つ10てん【30てん】

①  （ふ　　）

②  （せ　　）

③  （ひ　　）

3 ―の 字を、□に 正（ただ）しく かきなおしましょう。 一つ10てん【30てん】

① おねいさんと あそぶ。 □

② せんせえの いえへ いく。 □

③ こうろぎが とぶ。 □

小さく かく「や・ゆ・よ」／のばす おん／は・を・へ

もくひょうじかん 15ふん

なまえ

がくしゅうした日　月　日

とくてん

100てん まんてん

こたえ ▶88ページ

1 かきかたが 正しい ほうに、○を つけましょう。　一つ4てん【12てん】

① 
（　）ちゃわん
（　）ちやわん

② 
（　）きんぎよ
（　）きんぎょ

③ 
（　）あくしゆ
（　）あくしゅ

2 えに あう ことばを かきましょう。（うすい 字は、なぞりましょう。）　一つ6てん【24てん】

① 
で□□□

② 
き□□□

③ 
び□□□□

④ 
ぎ□□□□□

3 ◯に、□の あう ほうの 字を かきましょう。　一つ4てん【28てん】

① は・わ
子ねこ◯
か◯いい。

② お・を
◯りがみ◯◯る。

③ え・へ
◯き◯ むかう。

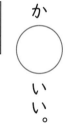

4 ◯に、「わ・は・お・を・え・へ」の どれかを かきましょう。　一つ6てん【36てん】

① ◯たし◯、七さいだ。

② ◯かし◯ たべる。

③ こう◯ん◯ いく。

こくご 4 かたかなを よもう かこう

もくひょうじかん 15ふん

なまえ

がくしゅうした日　月　日

とくてん

100てん まんてん

こたえ ▶88ページ

1

えに あう かたかなの ことばと、——で つなぎましょう。　一つ5てん【20てん】

① ② ③ ④

トマト

バス

ケーキ

バナナ

テレビ

2

かきかたが 正しい ものに、○を つけましょう。　一つ5てん【25てん】

① （　）コアラ　（　）コマラ

② （　）ミツン　（　）ミシン

③ （　）トラック　（　）トラツク

④ （　）クレヨン　（　）ワレヨン

⑤ （　）ツーソー　（　）シーソー　（　）シーンー

3

「゛」か 「゜」を つけて、えに あう ことばに しましょう。　一つ5てん【25てん】

① ハン

② ヒアノ

③ リホン

④ ヘンキン

⑤ サンタル

4

小さく かく 字や のばす おんの かきかたに 気を つけて、えの ことばを かきましょう。（うすい 字は、なぞりましょう。）　一つ6てん【30てん】

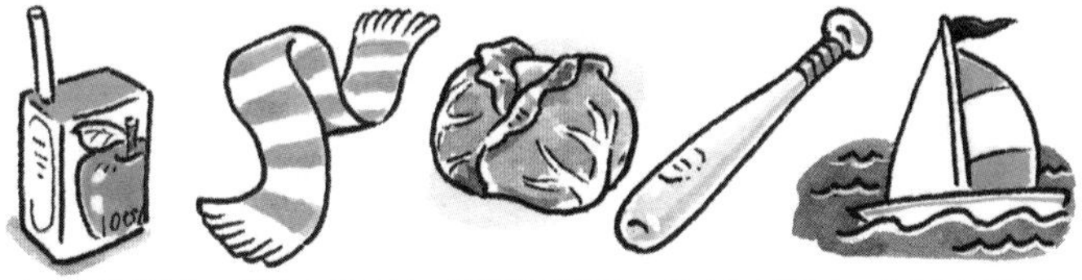

① ヨ

② バ

③ キ

④ マ

⑤ ジ

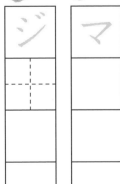

こくご 5

かん字(じ)を かこう よもう①

もくひょうじかん 15ふん

なまえ

がくしゅうした日　月(がつ)　日(にち)

とくてん　100てん まんてん

こたえ ▶88ページ

1 りんごの かずに あう かん字(じ)を かきましょう。　一つ6てん【36てん】

①  □

②  □

③  □

④  □

⑤  □

⑥  □

2 □に あう かん字を かきましょう。　一つ4てん【16てん】

① いもうとは、□(よん)さいです。

② 車(くるま)が□(に)だい。

③ バナナが□(じっ)本(ぽん)。

④ くりが□(ここの)つ。

3 ―の かん字に、よみがなを つけましょう。　一つ4てん【24てん】

① あ ちょ<u>金</u>ばこ（　）　い お<u>金</u>もち（　）

② あ ねん<u>土</u>（　）　い くろい <u>土</u>。（　）

③ あ まん<u>月</u>（　）　い お<u>月</u>見(み)（　）

4 ―の かん字に、よみがなを つけましょう。　一つ4てん【24てん】

① <u>百</u>円玉(えんだま)と <u>千</u>円さつ。（　）（　）

② <u>水</u>を かけて <u>火</u>を けす。（　）（　）

③ 森(もり)の <u>木</u>に、お<u>日</u>さまが あたる。（　）（　）

かくにんテスト①

もくひょうじかん 15ふん

がくしゅうした日(ひ)　月(がつ)　日(にち)

なまえ

とくてん
100てん まんてん

こたえ ▶89ページ

1 おはなしを よんで、こたえましょう。【40てん】

日(にち)よう日(び)の よるの ことです。
雨(あめ)が ザーッと ふり出(だ)し、かみなりが ゴロゴロと なり出しました。
いもうとは、なきながら、おとうさんの おなかに かおを くっつけて います。その とき、でんきが きえて、まっくらに なりました。
「ていでんね。ろうそくを つけましょう。」
と、おかあさんが いいました。
ろうそくが ともると、みんなの かおが 見(み)えました。いもうとも、にこにこして いました。

（文・倉本有加）

① いつの ことですか。　一つ5てん(10てん)
・（　　）の（　　）。

② いもうとは、なきながら、どう して いますか。(10てん)
・（　　）の おなかに かおを くっつけて いる。

③ ろうそくを つけたのは、だれですか。(10てん)
（　　）

④ いもうとが、にこにこして いたのは、なぜですか。よい ほうの きごうを、○で かこみましょう。(10てん)
ア でんきが ついたから。
イ みんなの かおが 見えたから。

2 ○に、「は・わ」、「へ・え」の どれかを かきましょう。　一つ8てん【40てん】

① ○に○、こ○い。

② こう○ん○ むかう。

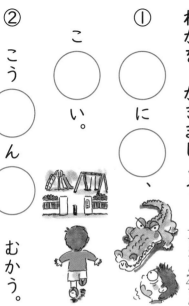

3 □に あう かん字(じ)を かきましょう。　一つ5てん【20てん】

① □(いち)年(ねん)　□(さん)くみ

② □(じゅう)人(にん)

③ 木(き)が □(はっ)本(ぽん)。

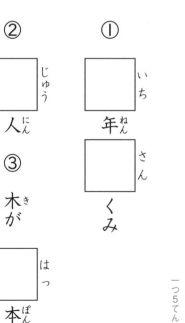

正しく よみとろう①

もくひょうじかん 15ふん

がくしゅうした日　月　日

なまえ

とくてん　100てん まんてん

1

文しょうを よんで、こたえましょう。【70てん】

くもは、目を 八つも もって います。

目の 大きさは、くもの くらしかたに よって ちがいます。

はえとりぐもは、あるきまわって、はえなどを 見つけると、つかまえます。はえとりぐもの 目は、八つの うち、二つだけが とても 大きく、まんまるです。まるで、じどう車の ヘッドライトのようです。

あみを はる くもは、あみに かかる えものを じっと まって います。目は、ほとんど つかいません。ですから、八つの 目は、どれも とても 小さく なって います。

（文・伊藤年一）

① つぎの くもに あう ものを、［　］から 二つずつ えらんで、（　）に きごうを かきましょう。　一つ10てん【40てん】

・はえとりぐも　（　）（　）

・あみを はる くも　（　）（　）

［ ㋐ 目を 八つ もって いる。　㋑ 目は、どれも とても 小さい。　㋒ 二つの 目だけが 大きい。 ］

② あみを はる くもの 八つの 目が、とても 小さく なって いるのは、どうしてですか。　一つ15てん【30てん】

・（　）に かかる えものを まって いて、（　）を ほとんど つかわないから。

2

えを 見て、（　）に あう ことばを 下から えらんで かきましょう。　一つ10てん【30てん】

① （　）いろの かさを さす。

② ぞうの はなは、とても （　）。

③ こまが、（　）まわる。

あかい
さむい
くろい
ながい
くるくる
ぴかぴか

こたえ ▶89ページ

こくご 8 正しく よみとろう②

もくひょうじかん 15ふん

なまえ

がくしゅうした日　月　日

とくてん

100てん まんてん

こたえ ▶89ページ

1

文しょうを よんで、こたえましょう。【50てん】

ばったや こおろぎは、大きな うしろあしを つかって、とおくまで ジャンプします。

とんぼの それぞれの あしには、とげが 生えて います。六本の あしを あわせると、とんぼは、虫かごのように なるので、空中で つかまえた 虫を にがしません。

水の 中に すむ げんごろうは、けが 生えた うしろあしで、ひろく 水を かいて およぐ ことが できます。

おなじ こん虫の なかまでも、くらしかたに よって、あしの かたちが ちがうのです。

（文・伊藤年一）

① ばったや こおろぎは、とおくまで ジャンプする とき、なにを つかいますか。（10てん）

（　　　）を つかう。

② とんぼの あしに 生えて いるのは、なんですか。（10てん）

（　　　）

③ つかまえた 虫を にがさない ために、とんぼの 六本の あしは、どんな かたちに なりますか。（15てん）

（　　　）のような かたち。

④ げんごろうが うしろあしを つかうのは、どんな ときですか。（15てん）

□ とき。

2

□に あう はんたいの いみの ことばを、ひらがなで かきましょう。一つ10てん【30てん】

〈れい〉そと ⇔ なか

① おとな ⇔ □

② うしろ ⇔ □

③ たて ⇔ □

3

□に あう はんたいの いみの ことばを、ひらがなで かきましょう。一つ10てん【20てん】

・木の ①□□。

・木の した。

・②□□手

・ひだり手

こくご 9

ものを かぞえる ことば／日づけ

もくひょうじかん 15ふん

がくしゅうした日　月　日

なまえ

とくてん

100てん まんてん

こたえ ▶89ページ

1 えの ものの かぞえかたの 正しい ほうに、○を つけましょう。 一つ5てん【20てん】

① 
（　）二とう
（　）二わ

② 
（　）四さつ
（　）四まい

③ 
（　）五つぶ
（　）五こ

④ 
（　）三けん
（　）三だい

2 （　）に あう、ものを かぞえる ことばを ひらがなで かきましょう。 一つ8てん【40てん】

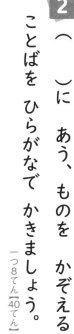

① えんぴつが 一（いっ）（　　）。

② 男（おとこ）の子（こ）が 六（ろく）（　　）。

③ 子犬（こいぬ）が 三（さん）（　　）。

④ さらが 八（はち）（　　）。

⑤ くつが 二（に）（　　）。

3 ——の 日（ひ）づけの よみかたを かきましょう。 一つ5てん【40てん】

① 七月（　　）

② 一日（　　）

③ 二日（　　）

④ 三日（　　）

⑤ 八日（　　）

⑥ 九日（　　）

⑦ 十日（　　）

⑧ 二十日（　　）

かん字（じ）を かこう よもう②

もくひょうじかん 15ふん

がくしゅうした日（ひ） 月（がつ） 日

なまえ

とくてん

100てん まんてん

こたえ ▶89ページ

1 □に あう かん字（じ）を かきましょう。 一つ5てん【60てん】

① □□（きゅうひゃく）円（えん） はらう。

② 山（やま）に □（き）を うえる。

③ 人（ひと）が □（せん）人（にん） あつまる。

④ コップ □（じっ）ぱいの □（みず）。

⑤ □（にち）ようび→□（げつ）ようび→
□（か）ようび→□（すい）ようび→
□（もく）ようび→□（きん）ようび→
□（ど）ようび

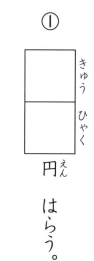

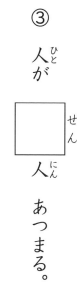

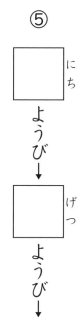

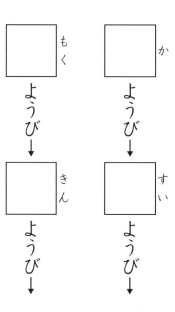

2 からだを あらわす かん字の よみがなを かきましょう。 一つ5てん【25てん】

① わにの 口（　）は 大（おお）きい。

② 手（　）を あげる。

③ 耳（　）を すまして きく。

④ 目（　）が つかれる。

⑤ りょう足（　）を ひろげる。

3 いろを あらわす かん字の よみがなを かきましょう。 一つ5てん【15てん】

① 白（　）い ぼうしと 青（　）い くつ。

② 赤（　）い いろがみ。

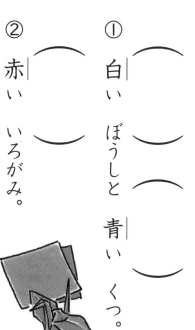

かん字(じ)を かこう よもう③

もくひょうじかん 15ふん

なまえ

がくしゅうした日(ひ)　月(がつ)　日(にち)

とくてん　100てん まんてん

こたえ ▶89ページ

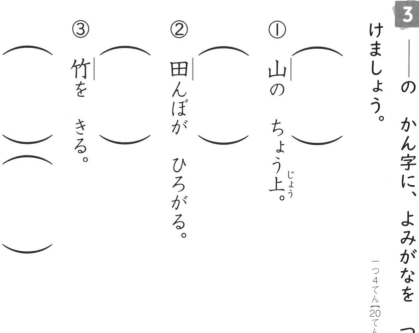

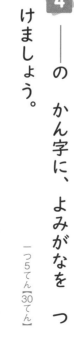

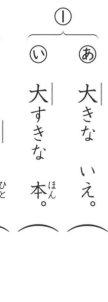

1 えに あう からだを あらわす かん字(じ)を かきましょう。 一つ5てん【25てん】

2 □に あう かん字を かきましょう。 一つ5てん【25てん】

① □(あか)い □(て)ぶくろ。

② □(あお)い 空(そら)に □(しろ)い くも。

③ うさぎは、□(みみ)が ながい。

3 ——の かん字に、よみがなを つけましょう。 一つ4てん【20てん】

① 山の ちょう上(じょう)。（　）

② 田んぼが ひろがる。（　）

③ 竹を きる。（　）

④ 川で まるい 石を ひろう。（　）（　）

4 ——の かん字に、よみがなを つけましょう。 一つ5てん【30てん】

① あ 大きな いえ。（　）
　 い 大すきな 本(ほん)。（　）

② あ まん中の 人(ひと)。（　）
　 い 中学生(がくせい)（　）

③ あ 小さい はこ。（　）
　 い 小学校(がっこう)（　）

こくご 12

かくにんテスト②

もくひょうじかん 15ふん

なまえ

がくしゅうした日　月　日

とくてん　100てん まんてん

こたえ ▶89ページ

1 文しょうを よんで、こたえましょう。

かまきりの まえあしは、とげの 生えた かまのように なって います。この まえあしを つかって、かまきりは、ほかの 虫を つかまえます。

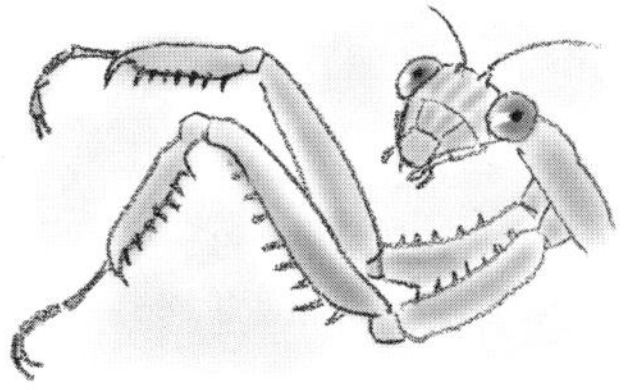

土の 中に すむ けらの まえあしは、とても じょうぶです。けらは、まえあしを つかって、もぐらのように 土を ほります。

ばったや こおろぎは、大きな うしろあしを つかって、とおくまで ジャンプします。

（文・伊藤年一）

一つ10てん【50てん】

① つぎの 虫の どの あしの ことが かいて ありますか。［ ］から えらんで、きごうを かきましょう。

あ かまきり……（　　）

い こおろぎ……（　　）

う けら……（　　）

［ア まえあし　イ なかあし　ウ うしろあし］

② うしろあしで とおくまで ジャンプする 虫の 名まえを、二つ かきましょう。

（　　　　）（　　　　）

2 （ ）に あう ことばを、［ ］から えらんで かきましょう。 一つ10てん【20てん】

① ほしが（　　　　）ひかる。

② 車が、（　　　　）スピードを あげる。

［ぐんぐん　くるくる　きらきら］

3 ——の かん字には よみがなを、□には かん字を かきましょう。 一つ5てん【30てん】

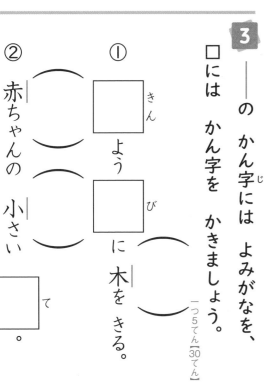

① □（きん）よう□（び）に 木（　　）を きる。

② 赤（　　）ちゃんの 小（　　）さい □（て）。

ようすや 気もちを よみとろう①

もくひょうじかん 15ふん

がくしゅうした日　月　日

なまえ

とくてん　100てん まんてん

こたえ ▶90ページ

おはなしを よんで、こたえましょう。

おじさんは、とっても りっぱな かさを もって いました。くろくて ほそくて、ぴかぴか ひかった つえのようでした。

おじさんは、出かける ときは いつも、かさを もって 出かけました。

すこしくらいの 雨は、ぬれた まま あるきました。かさが ぬれるからです。

もう すこし たくさん 雨が ふると、雨やどりして、雨が やむまで まちました。かさが ぬれるからです。

いそぐ ときは、しっかり だいて、はしって いきました。かさが ぬれるからです。

雨が やまない ときは、

「ちょっと しつれい、そこまで 入れて ください。」

と、しらない 人の かさに 入りました。かさが □。

（佐野洋子「おじさんのかさ」〈講談社〉より）

〔100てん〕

① おじさんの りっぱな かさは、どんな ようすでしたか。（一つ10てん〈20てん〉）

・くろくて ほそくて、

（　　　）ひかった

（　　　）のようだった。

② おじさんは、つぎの とき、どう しましたか。（一つ20てん〈60てん〉）

あ すこしくらいの 雨の とき。

（　　　）まま あるいた。

い もう すこし たくさん 雨が ふった とき。

（　　　）して、雨が やむまで まった。

う 雨が やまない とき。

（　　　）の かさに 入った。

③ □に あう ことばを、文しょうの 中から 見つけて かきましょう。（20てん）

（　　　）

こくご 14

ようすや 気もちを よみとろう②

もくひょうじかん 15ふん

なまえ

がくしゅうした日　月　日

とくてん　100てん まんてん

おはなしを よんで、こたえましょう。

雨が ふりはじめた こうえんで、おじさんが かさを ささずに ベンチに すわって いた ときです。女の子と 男の子が、一つの かさに 入って、「雨が ふったら ポンポロロン……。」と たのしそうに うたいながら かえって いきました。

おじさんは、立ち上がって いいました。

「ほんとかなあ。」

とうとう おじさんは、かさを ひらいて しまいました。

「雨が ふったら ポンポロロン……。」

そう いいながら、おじさんと かさは 雨の 中に 入って しまいました。

おじさんの りっぱな かさに、雨が あたって、ポンポロロンと、音が しました。

「ほんとだ ほんとだ、雨が ふったら ポンポロロンだあ。」

おじさんは、すっかり うれしく なって しまいました。

（佐野洋子「おじさんのかさ」〈講談社〉より）

一つ20てん【100てん】

① 「ほんとかなあ。」と いった あと、おじさんは、どう しましたか。

（　　　　　　）

② おじさんは、なんと いいながら、雨の 中に 入って しまいましたか。

（　　　　　　）

と いいながら、雨の 中に 入って しまった。

③ ポンポロロンは、なんの 音ですか。

・（　　　　）が、おじさんの りっぱな （　　　　）に あたる 音。

④ 「ほんとだ ほんとだ、雨が ふったら ポンポロロンだあ。」と いった とき、おじさんは どんな 気もちでしたか。

（　　　　　　）

こたえ ▶90ページ

文を つくろう

もくひょうじかん 15ふん

がくしゅうした日　月　日

なまえ

とくてん

100てん まんてん

こたえ ▶90ページ

1 えに あう 文に なるように、上と 下を ——で つなぎましょう。 一つ6てん【24てん】

① うさぎが  ・　・ ころぶ。

② 犬が  ・　・ とぶ。

③ はとが  ・　・ およぐ。

④ めだかが 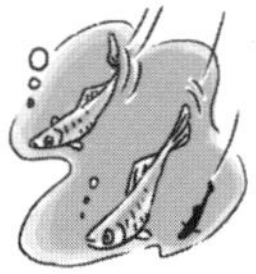 ・　・ はしる。

2 えに あう 文に なるように、（　）に あう ことばを 「　」から えらんで かきましょう。 一つ6てん【12てん】

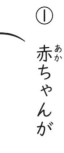

① 赤ちゃんが（　　　）。

② おかあさんが（　　　）。

「ねむる　おこる　わらう　なく」

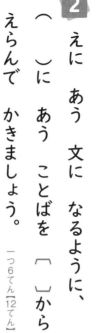

3 （　）に ことばを かいて、えに あう 文を つくりましょう。 一つ8てん【16てん】

① 花が（　　　）。

② 雨が（　　　）。

4 えに あうように、（　）に ことばを かいて、文を つくりましょう。 一つ8てん【48てん】

① （だれ）が（なに）を（どう する）。

② （だれ）が（なに）を（どう する）。

かん字を かこう よもう④

もくひょうじかん 15ふん

がくしゅうした日　月　日

なまえ

とくてん

100てん まんてん

こたえ ▶90ページ

1 えに あう かん字を かきましょう。

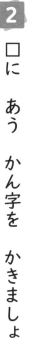

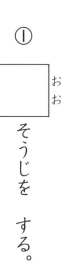

一つ5てん【25てん】

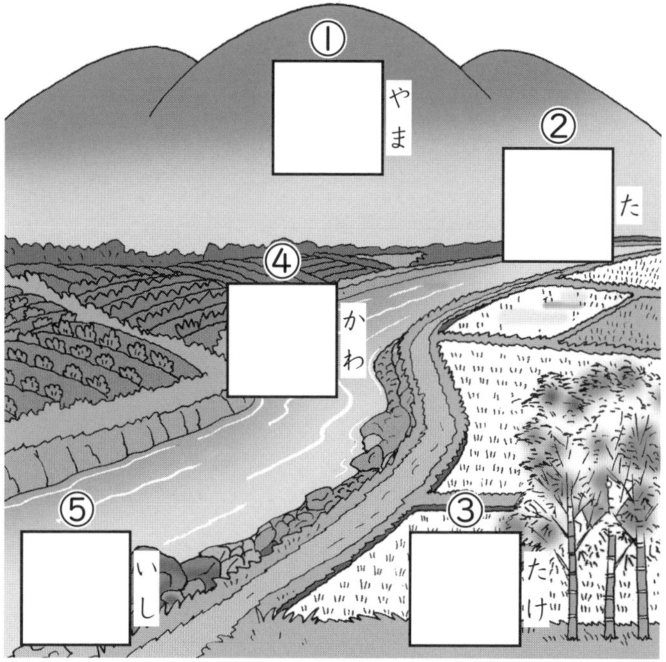

2 □に あう かん字を かきましょう。

一つ5てん【20てん】

① □(おお)そうじを する。

② はこの □(なか)に しまう。

③ □(ちい)さい □(かわ)が ながれて いる。

3 ―の かん字に、よみがなを つけましょう。

一つ5てん【55てん】

① 木(き)の 下（　）で すこし 休（　）む。

② だいの 上（　）に 立（　）つ。

③ 左（　）に まがる。

④ えいがを 見（　）る。

⑤ 右（　）の 手(て)を あげる。

⑥ 入（　）り口(ぐち)から 入（　）る。

⑦ 手（　）がみを 出（　）す。

⑧ 早（　）く おきる。

こくご 17

かん字を かこう よもう⑤

もくひょうじかん 15ふん

がくしゅうした日（ひ）　月（がつ）　日（にち）

なまえ

とくてん　100てん まんてん

こたえ ▶90ページ

1 □に あう かん字（じ）を かきましょう。　一つ5てん【40てん】

① いすから □（た）ち □（あ）がる。

② □（みぎ）□（ひだり）を □（み）る。

③ はこから とり □（だ）す。

④ トンネルに □（はい）る。

⑤ □（はや）く かえって □（やす）む。

2 えに あうように、□に かん字を かきましょう。　一つ6てん【12てん】

① □

中（なか）

② □

3 ―の かん字に、よみがなを つけましょう。　一つ4てん【48てん】

① 雨が ふって きた。

② 女の 先生（せんせい）が 三（さん）人。

③ 子どもを つれた 人。

④ 空に くもが うかぶ。

⑤ 力もちの 男の 人。

⑥ 犬の さんぽに いく。

⑦ かぶと虫は こん虫だ。

⑧ ふとった 王さま。

かくにんテスト③

もくひょうじかん 15ふん

なまえ

がくしゅうした日 月 日

とくてん
100てん まんてん

こたえ ▶90ページ

1 おはなしを よんで、こたえましょう。

> 雨が ふったら ポンポロロン
> 雨が ふったら ピッチャンチャン
> うえからも 下からも たのしい
> 音が しました。
> おじさんは、げん気よく うちに
> かえりました。
> うちに はいってから、おじさんは
> しずかに かさを つぼめました。
> 「ぐっしょり ぬれた かさも い
> い もんだなあ。だいいち かさ
> らしいじゃないか。」
> りっぱな かさは、りっぱに ぬ
> れて いました。
> おじさんは うっとりしました。
>
> 〈佐野洋子「おじさんのかさ」〈講談社〉より〉

一つ10てん【40てん】

① 雨が ふったら きこえる たのしい 音を、二つ かきましょう。

（　　　　）（　　　　）

② かさらしい かさとは、どんな かさですか。一つ えらんで、きごうを ○で かこみましょう。

ア つぼめた かさ。
イ ぐっしょり ぬれた かさ。
ウ 音の する かさ。

③ ぬれた かさを 見た おじさんは、どんな ようすでしたか。

□□□□ した。

2 えを 見て、□に あう ことばを 〔　〕から えらんで かきましょう。

一つ10てん【20てん】

① さるが □。
② りすが □。

〔はしる　あらう　たべる　きる〕

3 □に あう かん字を かきましょう。

一つ8てん【40てん】

① □(で)たり □(はい)ったり する。
② □(やま)の □(うえ)で □(やす)む。

じゅんじょよく よみとろう①

もくひょうじかん 15ふん

なまえ

がくしゅうした日 月 日

とくてん
100てん まんてん

■ 文しょうを よんで、こたえましょう。【100てん】

あきに なると、かし、くぬぎなど、林の 中の いろいろな 木に、たくさんの どんぐりが みのります。

その かたちや 大きさは、木に よって ちがいます。

どんぐりは、林の 中で じめんに おちると、ねが 出て きて、土の 中に もぐって いきます。

そして、ねは、土に もぐった まま ふゆを こし、はるに なると、かたい かわが やぶれ、中から めが 出て きます。

その めは、どんどん そだち、やがて 小さな 木に なり、なん年も かかって 大きな 木に なります。

林の 中に おちて いる □は、木の たねなのです。

① どんぐりの なる 木の 名まえを 二つ かきましょう。（一つ10てん（20てん））

（　　　　）（　　　　）

② どんぐりは、木に よって なにが ちがいますか。二つ えらんで、○を つけましょう。（一つ10てん（20てん））

あ（　）いろ　い（　）かたち
う（　）かず　え（　）大きさ

③ 林の 中で じめんに おちた どんぐりから、はじめに、なにが 出て きますか。（15てん）

（　　　　）

④ はるに なると、どんぐりは、どう なりますか。（一つ15てん（30てん））

・（　　　　）が やぶれて、中から（　　　　）が 出て くる。

⑤ □に あう ことばを、文しょうの 中から 見つけて かきましょう。（15てん）

□□□□

こたえ ▶91ページ

じゅんじょよく よみとろう②

もくひょうじかん 15ふん

なまえ

がくしゅうした日　　月　　日

とくてん

100てん まんてん

こたえ ▶91ページ

■ 文しょうを よんで、こたえましょう。【100てん】

あきに なると、ななかまどの みは 赤いろに、やどりぎの みは きいろに、むらさきしきぶの みは むらさきいろに なります。

これらの みは とても 目立つ ので、とりが たべに やって きます。たべられた みの かわや にくは、とりの おなかの 中で とけて しまいますが、たねは かたいので、とけないで そのまま とおくへ はこばれます。

そして、ふんと して おとされると、そこで めを 出します。

① あきに なると、つぎの みは、なにいろに なりますか。一つ10てん(30てん)

あ ななかまど （　　）

い やどりぎ （　　）

う むらさきしきぶ （　　）

② ななかまどなどの みを とりが たべに やって くるのは、なぜですか。よい ほうに ○を つけましょう。(10てん)

あ（　）みが 目立つから。

い（　）よい かおりが するから。

③ とりに たべられた みは、おなかの 中で、どう なりますか。一つ20てん(40てん)

あ かわや にく （　　）

い たね

・（　　） そのまま とおくへ はこばれる。

④ そことは、どこの ことですか。(20てん)

・たねが （　　）と して おとされた ところ。

21 なかまの ことば／はんたいの いみの ことば

もくひょうじかん 15ふん

なまえ

がくしゅうした日(ひ)　月(がつ)　日(にち)

とくてん

100てん まんてん

こたえ ▶91ページ

1 つぎの ものを ひとまとめに した ことばを、〔 〕から えらんで かきましょう。 一つ6てん【18てん】

① ゆり　ばら　チューリップ　（　　）

② はと　すずめ　たか　からす　（　　）

③ ふえ　ギター　ピアノ　（　　）

〔とり　虫(むし)　くだもの　がっき　花(はな)〕

2 えの ものの 名(な)まえを かきましょう。 一つ6てん【18てん】

①  □□□

②  □□□□

③  □□□□

3 **2**の ものを ひとまとめに した ことばを かきましょう。 【10てん】

□□□

4 つぎの ことばと はんたいの いみの ことばに、○を つけましょう。 一つ6てん【30てん】

① おもい ↕ （　）かるい　（　）うすい

② 大(おお)きい ↕ （　）すくない　（　）小(ちい)さい

③ よわい ↕ （　）つよい　（　）ふとい

④ あける ↕ （　）入(い)れる　（　）しめる

⑤ ひろう ↕ （　）あげる　（　）すてる

5 ――の ことばと はんたいの いみの ことばを かきましょう。 一つ8てん【24てん】

① みじかい えんぴつ。　（　　）

② やわらかい パン。　（　　）

③ たかい 山(やま)。　（　　）

こくご 22 かんじを かこう よもう⑥

もくひょうじかん 15ふん

なまえ

がくしゅうした日(ひ)　月(がつ)　日(にち)

とくてん　100てん まんてん

こたえ ▶91ページ

1 □に あう かんじを かきましょう。　一つ5てん【40てん】

① □(いぬ)を つれた □(ひと)。

② □(ちから)いっぱい はしる。

③ こん□(ちゅう)の ずかんを 見(み)る。

④ □(おう)さまと □(こ)どもたち。

⑤ □(あめ)が やんで、□(そら)が あかるく なった。

2 えを 見て、□に あう かんじを かきましょう。　一つ6てん【12てん】

① □のこ

② □のこ

3 ――の かんじに、よみがなを つけましょう。　一つ4てん【48てん】

① 村まつりの たいこの 音。（　）（　）

② 森の どうぶつたち。（　）

③ 町で かいものを する。（　）

④ 夕がたまで、林で きのこを とる。（　）（　）

⑤ さく文を よむ。（　）

⑥ 正しい かん字を かく。（　）（　）

⑦ 六(ろく)年生(せい)に 名まえを よばれる。（　）（　）

⑧ 本を よむ。（　）

かんじを かこう よもう⑦

もくひょうじかん 15ふん

なまえ

がくしゅうした日(ひ)　月(がつ)　日(にち)

とくてん　100てん まんてん

こたえ ▶91ページ

1 □に あう かんじを かきましょう。 一つ4てん【40てん】

① □(まち)の□(ぶん)ぼうぐやさん。

② □(むら)の □(もり)や □(はやし)。

③ らい□(ねん)も がんばろう。

④ □(ただ)しい かん□(じ)で □(な)まえを かく。

⑤ たいこの □(おと)が きこえる。

2 えを 見(み)て、□に あう かんじを かきましょう。 一つ5てん【10てん】

① え□

② □やけ

3 ―の ことばを、□□に かんじで かきましょう。 一つ5てん【20てん】

① いとぐるまを まわす。 □□

② せんせいの はなしを きく。 □□

③ 山(やま)の くさばなを しらべる。 □□

④ てんきよほうを きく。 □□

4 □に あう かんじを かきましょう。 一つ5てん【30てん】

① □□(がっこう)で □(まな)ぶ。

② □(かい)がらを ひろう。

③ □□(みずたま)もよう

④ □□(せんえん)の □(まる)い さら。

かくにんテスト④

もくひょうじかん 15ふん

なまえ

がくしゅうした日　月　日

とくてん　100てん まんてん

こたえ ▶91ページ

1 文を よんで、こたえましょう。【50てん】

スーパーマーケットの しょくひんうりばには、たくさんの たべものが ならんで います。

やさいの コーナーには、たまねぎ、[あ]、じゃがいもなどの やさいが ならんで います。

さかなの コーナーには、あじ、さば、[い]、たいなどの さかなが ならんで います。

にくの コーナーには、ぎゅうにく、ぶたにく、[う]などが、ならんで います。

① あ・い・うに あう 名まえを 〔 〕から えらんで かきましょう。一つ10てん(30てん)

あ（　　）
い（　　）
う（　　）

〔さんま　クッキー　にんじん　みかん　とりにく　ジュース〕

② 「やさい」「さかな」「にく」などを、ひとまとめに した ことばを かきましょう。(20てん)

□□□□

2 （ ）に あう はんたいの いみの ことばを、かん字を つかって かきましょう。一つ10てん【30てん】

〈れい〉年上 ↔ （年下）

① 左手 ↔ （　　）

② 入り口 ↔ （　　）

③ 男の子 ↔ （　　）

3 □に あう かん字を かきましょう。一つ5てん【20てん】

① □□（がっこう）の □□（せんせい）。

② □（いと）でんわ

③ 目□（だま）やき

全科プリント　小学１年
こたえとアドバイス

★ まちがえた問題は，何度も練習してできるようにしましょう。
★ アドバイス も参考にして，お子さんに指導してあげてください。

さんすう

1 5までの　かず　(2ページ)

1 花に○
2
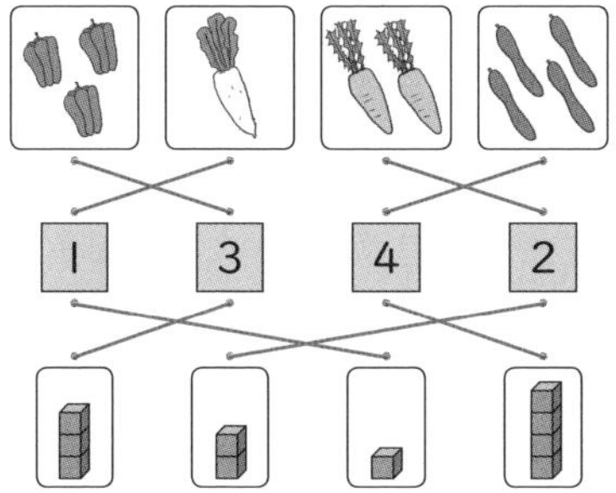

3 ①2　②1　③5　④4
4 ①
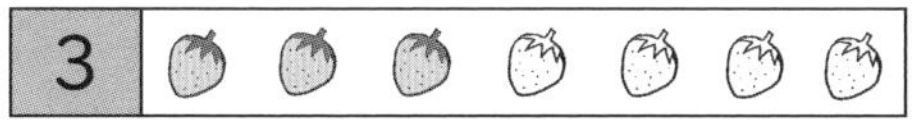

②

2 10までの　かず①　(3ページ)

1 バナナに○
2
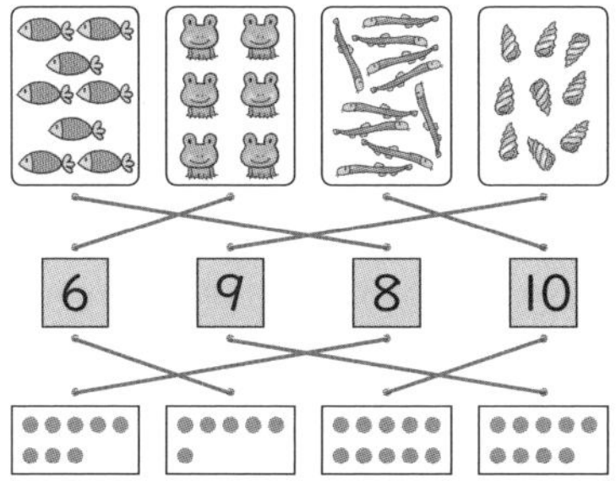

3 ①8　②6　③10

4 ①　②　③
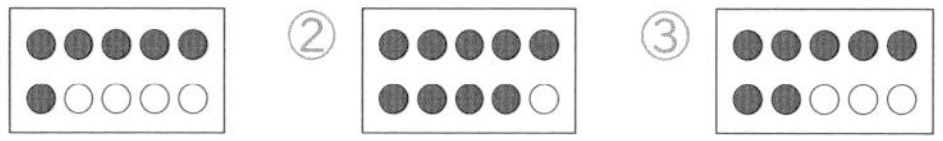

アドバイス 3では，数字の筆順や書き出す方向にも気をつけさせましょう。

3 10までの　かず②　(4ページ)

1 ①3　②1　③0
2 ①右に○　②左に○
3 ①7に○　②10に○
4 ①0，4　②7，10
5 ①6　②3　③3　④2　⑤4

アドバイス 1の③では，「1つもない」という0の意味をよく理解させてください。0は「れい」と読みます。
　3でまちがえたら，数字の数だけおはじきなどを並べて考えさせるとよいです。

4 なんばんめ　(5ページ)

1 ①3　②5，4　③ぶた　④いぬ
2 ①5　②5
3 ①

②

アドバイス 3では，「4本」と「4本目」のちがいをよく理解させましょう。

5 いくつと　いくつ　(6ページ)

1
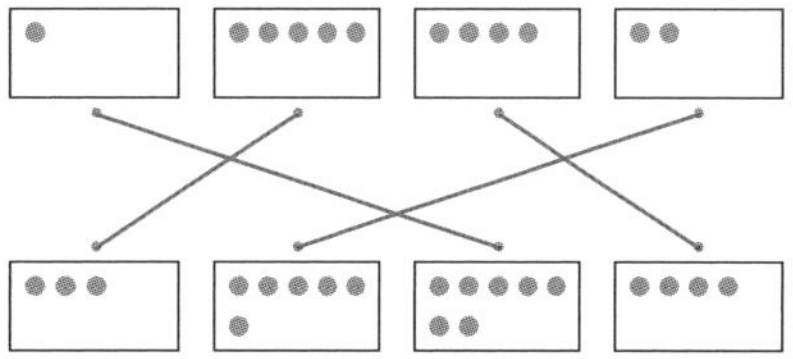

2 ①3　②3　③2　④2　⑤5　⑥5
3 ①7　②9　③6　④8
4 ①1　②3　③6　④8

アドバイス 4でまちがえたら，10になるまで○をかきたして，○の数を数えさせましょう。「あといくつで10になるか」という見方は，くり上がりのあるたし算やくり下がりのあるひき算での基礎になります。十分に練習させてください。

6 あわせて　いくつ　(7ページ)

1 ⓘに○
2 ①4＋1＝5　②2＋2＝4
3 ①2　②4　③5　④6　⑤7　⑥6
4 （しき）2＋3＝5　（こたえ）5（さつ）
5 （しき）1＋3＝4　（こたえ）4（ひき）

アドバイス 2，4，5の式は，たされる数とたす数が入れかわっていても正解です。しかし，ふつうは絵の（左の数）＋（右の数）と表します。
　また，「4＋1」のように，「＝5」を書かなくても式と呼びますが，きちんと計算結果まで書かせたほうがよいでしょう。

7 ふえると　いくつ　(8ページ)

1 ⓐに○
2 ①3＋2＝5　②2＋4＝6
3 ①6　②8　③7　④10　⑤7　⑥8
4 （しき）5＋1＝6　（こたえ）6（ぴき）
5 （しき）3＋4＝7　（こたえ）7（にん）

アドバイス 1は，はじめに2匹いて，1匹増えるので，式は「2＋1＝3」です。「1＋2＝3」は場面と合わないので，正しい式とはいえません。このように，「ふえるといくつ」の場合の式は，（はじめの数）＋（増えた数）で表します。

8 たしざん (9ページ)

1 ①3　②5　③8　④6　⑤10　⑥5　⑦9
⑧6　⑨7　⑩10　⑪8　⑫10　⑬6　⑭9

2 5+3—1+7，3+4—5+2
2+8—6+4，7+2—4+5

3 (しき)5+4=9　(こたえ)9(にん)

4 (しき)4+3=7　(こたえ)7(こ)

5 (しき)2+4=6　(こたえ)6(こ)

アドバイス **2**は，カードの近くに答えを書いてから，答えが同じカードを見つけさせるとよいでしょう。計算の見直しにも役立ちます。

3 **4** **5**問題文に「みんなで」「ぜんぶで」「あわせて」があるとたし算になることを確認しあい，問題文にあった式が正しく書けているかを，見てあげてください。

9 のこりは　いくつ (10ページ)

1 ①5−2=3　②4−1=3

2 ①1　②4　③5　④2　⑤3　⑥2

3 (しき)7−3=4　(こたえ)4(にん)

4 (しき)5−3=2　(こたえ)2(こ)

5 (しき)8−5=3　(こたえ)3(ぼん)

アドバイス 「のこりはいくつ」のひき算の式は，(はじめの数)−(減った数)=(残りの数) になることを理解させましょう。

3 **4** **5**問題文に「かえるとのこりは」「たべるとのこりは」「あげるとのこりは」などがあるとひき算になることを確認しあい，問題文にあった式が正しく書けているかを，見てあげてください。

10 ちがいは　いくつ (11ページ)

1 ①5−4=1　②6−2=4　③7−4=3

2 ①2　②1　③6　④4　⑤2　⑥5

3 (しき)7−2=5　(こたえ)5(ひき)

4 (しき)8−5=3　(こたえ)3(ぼん)

アドバイス **1**の③の「かずのちがい」は，お子さんにとっては聞き慣れない言葉です。とまどっていたら，①の図と見比べさせ，「かきはりんごより何個多いか。」と同じことを聞いていることに気づかせましょう。

1の②を「2−6=4」，**4**を「5−8=3」とするまちがいがよく見られます。ひき算では必ず，大きい数から小さい数をひくように式に書くことを，話してあげてください。

11 ひきざん (12ページ)

1 ①1　②3　③2　④7　⑤4　⑥1　⑦3
⑧5　⑨2　⑩4　⑪7　⑫7　⑬5　⑭6

2 (しき)7−3=4　(こたえ)4(こ)

3 (しき)8−3=5　(こたえ)5(こ)

4 (しき)10−4=6
(こたえ)めだか（が） 6(ぴき　おおい。)

5 (しき)7−5=2　(こたえ)2(まい)

アドバイス **3**の，入らなかった玉は，投げた全部の玉から入った玉をひいた残りであることに気づかせましょう。

4は，式を「4−10=6」としていないか，よく見てあげてください。

12 10より おおきい かずの しくみ (13ページ)

1

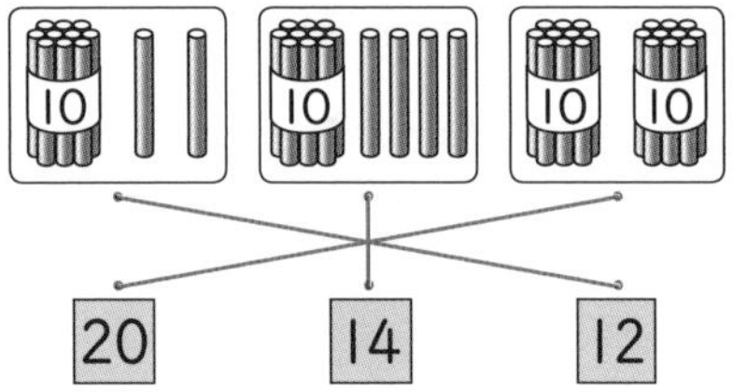

2 ①16　②18

3 ①3　②10

4 ①11　②17　③14　④12　⑤6　⑥3
⑦10　⑧10

アドバイス **2**の①は，絵に印をつけながら数え，10まで数えたところで10のまとまりを丸で囲ませると，「10といくつ」がわかりやすくなります。②は，「に，し，ろく，はち，じゅう，…」と，2とびで数えることをねらいとしています。

420までの数について，「10といくつ」という数の構成を定着させます。

①〜④は「10と○で□」というパターン。具体物がなくても数字だけで答えられるようにします。

⑤〜⑧は逆に「□は10と○」というパターン。20までの数の分解を，「10といくつ」「いくつと10」とすらすら答えられるようにしましょう。

また，①の11を「101」と書いたり，②の17を「107」と書くまちがいも見られます。17の十の位の1は，10のまとまりが1つという意味であることを理解させましょう。

13 10より おおきい かずの おおきさ (14ページ)

1 ①あ5　い11　う19　②1

2 ①13　②18　③16　④15

3 ①16，20　②14，11　③10，18

4 (○をつける数) ①12　②11　③15　④16
⑤20　⑥19

アドバイス **2**でまちがいが多いようであれば，**1**の数の線を使って考えさせてください。

3の②の最初の□の数を「16」，③の最初の□の数を「11」とするまちがいがよく見られます。「1ずつ大きくなるもの」と決めつけて考えているためです。このような問題では，まず与えられている数を見て，いくつずつ大きくなっているか，または小さくなっているかを考えなければいけないことを，よく話してあげてください。

14 10より おおきい かずの けいさん（15ページ）

1 ①4，14　②8，10
2 ①12　②16　③17　④19　⑤10　⑥10　⑦10　⑧10
3 ①2，15　②1，14
4 ①16　②16　③16　④18　⑤12　⑥14　⑦13　⑧12

アドバイス 10と端数に分けて計算するという考え方はとても大事なので，ここでしっかり身に付けさせてください。

2の①は，「10より2大きい数」，⑤は，「17より7小さい数」として，数の線を使って答えを確かめると，数に対する理解も深まります。

15 なんじ・なんじはん，かずしらべ（16ページ）

1 ①4じ　②8じ　③1じはん　④11じはん
2 ①

②

3 ①

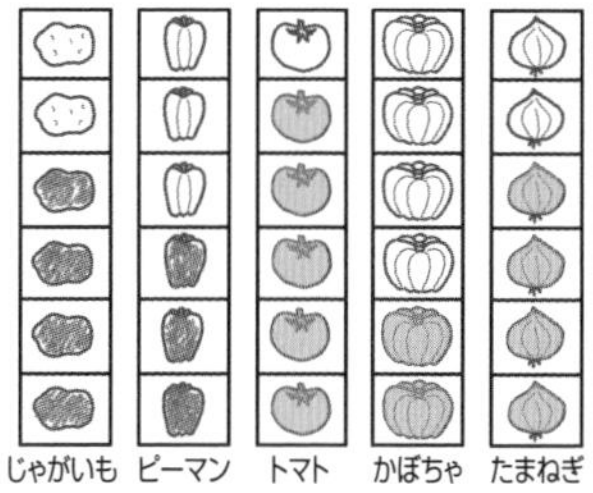

②トマト　③じゃがいも（と）たまねぎ

アドバイス 1の③，④では，短針が数字と数字の真ん中にあるので，どちらの数字で何時を読めばよいかとまどうことがあります。この場合，例えば③では，時計を1時に合わせ，そこから順に1時半，2時と針を進めて，まだ2時になっていないことから，「1時半」と読むことを理解させましょう。

16 かくにんテスト①（17ページ）

1 ①5　②17
2 7ばんめ
3 ①2　②5　③8　④10
4 ①7　②10　③6　④4　⑤17　⑥13
5 ①10じ　②2じはん
6 （しき）9−6＝3　（こたえ）3（びき）

アドバイス 4の①～④のような，くり上がりのないたし算とくり下がりのないひき算は，1年生前半の学習内容の中で最も重要なものの1つです。式を見たらすぐに答えが出るようになるくらいまで，十分に練習させてください。また，⑤，⑥の10より大きい数のしくみをもとにした計算は，後で学習する3つの数の計算でも必要となります。

6の式を，問題文に出てきた数の順につられて，「6−9＝3」とまちがえていないかチェックしてください。

17 ながさくらべ（18ページ）

1 ①㋑　②㋒
2 ㋑
3 ㋑，㋐，㋒
4 ①㋒　②㋑（と）㋓

アドバイス 3は，輪のいくつ分の長さか，4は線と線の間の長さのいくつ分の長さか，数を数えて比べます。基準となる長さのいくつ分かで長さをとらえる考え方は，2年生で学習する「長さの単位」へとつながる大切な考え方です。

18 かさくらべ，ひろさくらべ（19ページ）

1 ㋑
2 ①㋐8（はいぶん）　㋑7（はいぶん）　②㋐
3 ㋒，㋐，㋑
4 ①㋒　②2（こぶん）

アドバイス 1は，㋑にいっぱいに入れた水を㋐がいっぱいになるまで入れてもまだ水が残っているので，㋑は㋐より多く水が入ると判断します。このような，かさを直接比べる方法自体についても，よく理解させましょう。

3は，㋐～㋒を重ねて，直接広さを比べています。

4は，方眼の数を数えて比べます。㋐は方眼9個分，㋑は8個分，㋒は10個分の広さです。

19 3つの　かずの　けいさん①（20ページ）

1 ①3＋1＋2＝6　②7−3−2＝2
2 ①8　②7　③9　④17　⑤15　⑥15
3 ①2　②4　③3　④8　⑤3　⑥12
4 （しき）3＋4＋2＝9　（こたえ）9（わ）
5 （しき）10−2−4＝4　（こたえ）4（まい）

アドバイス 3つの数の計算は，左から順に計算します。はじめの2つの数の計算の答えを式の近くに書いて，残りの数との計算をさせると，記憶ちがいによる計算ミスが防げます。

2の④～⑥と，3の④～⑥は，20までの数のしくみをもとにした計算が含まれています。数が大きくまちがえやすいので，注意して計算させましょう。

20 3つの　かずの　けいさん②（21ページ）

1 ①5−3＋1＝3　②4＋2−3＝3
2 ①7　②5　③9　④6　⑤7　⑥16
3 ①4　②5　③4　④7　⑤13　⑥11
4 （しき）10−6＋4＝8　（こたえ）8（にん）
5 （しき）6＋3−2＝7　（こたえ）7（わ）

アドバイス 4，5は，1つの式で表すことがねらいです。2つの式で表していたら，1つの式に表すとどうなるかを考えさせてください。

21 くりあがりの　ある　たしざん①（22ページ）

1 ①1　②3，13

2 ①12　②13　③11　④14　⑤16　⑥12
⑦13　⑧15　⑨11　⑩18

3 い，かに○

4 （しき）5+6=11　（こたえ）11にん

5 （しき）7+7=14　（こたえ）14こ

アドバイス くり上がりのあるたし算は，まず10をつくって，「10といくつで十いくつ」と答えを求めます。**1**がその基本的な計算のしかたで，たされるほうの数で10をつくります。しかし，**2**の②のようにたす数のほうが10に近い場合は，次のように計算してもよいです。

4+9 → ❶4の中の1と9で10
3 1　❷10と3で13

また，**2**の④のような場合は，次のように計算してもよいです。

8+6 → ❶8の中の5と6の中の5で10
5 3 5 1　❷8の中の3と6の中の1で4
❸10と4で14

10をつくって計算する方法であれば，どれでもかまわないので，お子さんの考えやすい方法で計算させてください。

4，**5**の答えは，「にん」や「こ」の助数詞も書かせるようになっています。注意させましょう。

22 くりあがりの　ある　たしざん②（23ページ）

1 ①12　②14　③15　④13　⑤16　⑥13
⑦11　⑧16　⑨17　⑩17　⑪11　⑫13

2 （しき）7+8=15　（こたえ）15ほん

3 （しき）5+7=12　（こたえ）12こ

4 （しき）9+6=15　（こたえ）15だん

5 ①11　②13　③11　④15　⑤12　⑥12

アドバイス **5**は，くり上がりのある3つの数の計算です。くり上がりがあっても，これまでに学習した3つの数の計算と同じように左から順にていねいに計算していけば，無理なく計算できるでしょう。

23 くりさがりの　ある　ひきざん①（24ページ）

1 ①10　②2，3

2 ①3　②5　③7　④9　⑤8　⑥7　⑦9
⑧6　⑨8　⑩8

3 11−3•—•15−7，14−8•—•12−6
16−9•—•13−6，11−6•—•13−8

4 （しき）11−4=7　（こたえ）7こ

5 （しき）16−8=8
（こたえ）8ひき（8ぴき）

アドバイス くり下がりのあるひき算は，**1**のように，ひかれる数を10といくつに分け，その10からひいて計算する方法が基本です。しかし，**2**の⑨のような場合は，次のように計算してもよいです。

12−4 → 4を2と2に分けて順にひく。
2 2　❶12−2=10　❷10−2=8

お子さんの考えやすい方法で計算させてください。

24 くりさがりの　ある　ひきざん②（25ページ）

1 ①4　②9　③6　④4　⑤4　⑥8　⑦6
⑧2　⑨9　⑩9　⑪9　⑫7

2 （しき）12−3=9　（こたえ）9にん

3 （しき）11−2=9　（こたえ）9ほん

4 （しき）15−9=6
（こたえ）けんじさんが　6かい　おおく
とんだ。

5 ①2　②2　③8　④9　⑤8　⑥16

アドバイス **4**の式で，「9−15=6」とまちがえていないかチェックしてください。また，答えを「6かい」とするまちがいも見られます。問題文をもう一度読ませ，「どちらが多いか」まで答えなければいけないことに，気づかせましょう。

5は，くり下がりやくり上がりのある3つの数の計算です。1つ1つていねいに計算させましょう。

25 たしざんかな　ひきざんかな，0の　けいさん（26ページ）

1 ①11　②15　③12　④14　⑤17　⑥5
⑦7　⑧6　⑨7　⑩8

2 うに○

3 ①（しき）9+5=14　（こたえ）14ひき
②（しき）14−6=8
（こたえ）8ひき（8ぴき）

4 ①7　②10　③0　④6

アドバイス **2**のあ，いは，「9−3」のひき算になります。どんな場面でたし算やひき算が使われるのか，まとめさせておくとよいです。

4は，0のあるたし算とひき算です。③は同じ数のひき算で，答えはいつも0になることや，④の0をひくひき算は，何もひかないことと同じことを理解させてください。

26 かくにんテスト②（27ページ）

1 う，あ，い

2 う，い，あ

3 あ，う，い

4 ①16　②6　③8　④4　⑤17　⑥7　⑦5
⑧8

5 （しき）14−5=9　（こたえ）9ひき

6 （しき）8+6=14　（こたえ）14こ

アドバイス **6**は，「つかいました」という言葉から，ひき算の式にしてしまうことがあります。「あわせていくつ」のたし算であることを，おはじきなどを操作して理解させましょう。

27 いろいろな　かたち (28ページ)

1 ①―(う)　②―(あ)　③―(え)　④―(い)
2 ①(い)　②(あ)
3 ①3　②2
4 ①(い)　②(う)　③(あ)

アドバイス 立体の特徴を理解する近道は，積み木などの立体を使った遊びをたくさん経験することです。遊ぶうちに，それぞれの形の機能的な面が自然と理解できるようになります。

1は，身の回りにあるいろいろな立体を，箱の形（直方体や立方体），筒の形（円柱），ボールの形（球）などの基本的な積み木の形と照合し，仲間分けをします。

2は，それぞれの立体の特徴に気づかせるようにします。例えば，ボールや筒の形は転がりやすいが，筒は置き方によって転がらないこともあるとか，箱の形は平らな面だけでできていて転がらないとか，実際にお子さんに言葉で言わせてみましょう。

3は，同じ箱の形や筒の形にもいろいろあることに気づかせましょう。

4は，見取図から立体を考える問題です。苦手なお子さんの場合は，実際に同じような形を写させてみましょう。

28 おおきな　かずの　しくみ (29ページ)

1 ①―(う)　②―(い)　③―(あ)
2 ①60　②47
3 ①38　②70　③5，8　④9　⑤80
4 60，62

アドバイス 10のまとまりがいくつと1がいくつで，100までの数ができていることをわかるようになりましょう。

2の②は，「5，10，15，20，…」と，5とびで数えることがねらいです。

また，数を数字で表す場合，次のようなまちがいをするお子さんがいます。

60 →「610」のように書く。
47 →「407」のように書く。

これらは，読みにつられて書いてしまうミスで，どちらも位取りの理解が不十分なために起こるものです。100までの数では，10のまとまりを表す数とばら（端数）の数を並べて，2つの数字で表すことを，よく理解させましょう。

3の⑤と**4**は，「十の位」や「一の位」という用語の理解を確認する問題です。これらの用語の意味がわからないようであれば，次のように部屋として考えさせ，用語と結びつけて理解させるようにしましょう。

十のくらい	一のくらい
8	0

10のまとまりの数を書く部屋（十のくらい）
ばらの数を書く部屋（一のくらい）

29 おおきな　かずの　おおきさ (30ページ)

1 ①(あ)23　(い)47　②(あ)69　(い)100
2 ①53　②75　③79　④95
3 ①60，61　②85，90
4 ①54に○　②98に○
5 ①113　②102

アドバイス **1**は，1目盛りが1であることを確かめさせてから，□に当てはまる数を書かせましょう。数の線では，1目盛りが2や5，10の場合もあります。

2は，むずかしいようであれば，**1**の数の線を使って考えさせましょう。

4の数の大小比較では，数の線に表して比べる方法もありますが，大きい位の数字から順に比べる方法のほうが手軽です。この際，位をそろえて縦に並べて書き直すと比べやすくなります。

5は，100より大きい数の問題です。10と3を合わせた数を「13」と書くように，100と13を合わせた数を「113」と書くことをよく理解させてください。また，その読み方も確かめさせておきましょう。

30 おおきな　かずの　けいさん (31ページ)

1 ①3，43　②2，34
2 ①24　②68　③48　④78　⑤10　⑥30　⑦13　⑧53
3 ①20，50　②20，30
4 ①50　②80　③90　④100　⑤10　⑥50　⑦70　⑧20

アドバイス **2**は，100までの数のしくみをもとに，計算します。2けたの数を10のまとまりとばらでとらえさせ，ばらと1けたの数を計算することを理解させましょう。

①20＋4 → 20と4で，24
③43＋5 → 43は40と3，3に5をたして8
　　40と8で，48
④76＋2 → 76は70と6，6に2をたして8
　　70と8で78
⑤17－7 → 17は10と7だから，7から7をひくと，
　　のこりは10
⑦16－3 → 16は10と6，6から3をひいて3
　　10と3で，13
⑧55－2 → 55は50と5，5から2をひいて3
　　50と3で53

4は，10のまとまりが何個あるかを考えて計算します。

①10＋40 → 10が（1＋4）個で5個
　　10が5個で50
⑤60－50 → 10が（6－5）個で1個
　　10が1個で10
⑦100－30 → 10が（10－3）個で7個
　　10が7個で70

31 なんじなんぷん （32ページ）

1 ①7じ10ぷん　②4じ25ふん
③6じ45ふん　④5じ6ぷん
⑤1じ34ぷん　⑥3じ58ふん

2 ①　②

3 ①㋑　②㋒　③㋐

アドバイス　時計は，長針で何分，短針で何時を読むことを確認させましょう。時計の読み方は，計算と同じようにくり返し練習することで身につきます。ふだんの生活の中で時計を読む機会を積極的に与えて，慣れさせましょう。

1の①は，短針が7と8の間にあるので7時，長針の1目盛りは1分だから10目盛りを指しているので10分とわかります。数字の2を指しているので2分とまちがえないようにしましょう。

⑤は，30から数えて，31，32，33，34で34分と読むとまちがえません。

⑥は，短針が4に近いことから「4時58分」とするまちがいがよく見られます。実際に時計を動かしながら，もうすぐ4時になることを理解させ，「3時58分」と読むことに気づかせましょう。

2は，長針をかくとき，中心からかくと曲がってしまうことが多いので，まず目盛りを読んで目盛りから中心に線を引くといいでしょう。

3は，朝，昼，昼過ぎの生活のようすと時刻との関係をよく考えさせましょう。例えば，7時は，朝の7時と夜の7時がありますが，夜の7時にしていることを表す絵はないので，朝の7時にあたる㋑を選びます。

32 たしざんと　ひきざん① （33ページ）

1 （しき）7＋5＝12　（こたえ）12にん
2 （しき）13－4＝9　（こたえ）9こ
3 （しき）8＋7＝15　（こたえ）15かい
4 （しき）16－9＝7　（こたえ）7ひき
5 （しき）7＋8＝15　（こたえ）15こ

アドバイス 問題文が少し複雑でわかりにくくなっています。**3**～**5**についても，**1**や**2**のような図をかいて考えさせるとよいでしょう。

また，「多い」，「少ない」という言葉だけで，たし算かひき算かを判断するお子さんがいますが，これはまちがいのもとです。あくまでも，2つの数量の関係から判断させましょう。

3を図で表すと，

8かい
みゆきさん ○○○○○○○○
たかしさん ○○○○○○○○　●●●●●●●
7かい おおい

だから，たし算で，式は8＋7になります。

4を図で表すと，

16ぴき
さる ○○○○○○○○○○○○○○○○
きつね ○○○○○○○●●●●●●●●●
9ひき すくない

だから，ひき算で，式は16－9になります。

5は，

おとな7にん　こども8にん
ひと ●●●●●●●●●●●●●●●
ケーキ ○○○○○○○○○○○○○○○

はじめに人数の合計を求めてからケーキの数に置き換えてもよいですし，「7人」を「ケーキ7個」のように，それぞれの人数をケーキの数に置き換えてから，ケーキの数をたすと考えてもよいです。

33 たしざんと　ひきざん② （34ページ）

1 （しき）8＋5＝13　（こたえ）13にん
2 （しき）11－8＝3　（こたえ）3まい
3 （しき）12－7＝5　（こたえ）5にん
4 （しき）7＋9＝16　（こたえ）16にん
5 （しき）4＋7＝11　（こたえ）11りょう

アドバイス **3**～**5**についても，図に表すか，おはじきなどを使って考えさせましょう。

1，**3**は，「8番め」などの順序数が含まれる問題です。「8番め」と「5人」では計算できないことから，「8番め」を「8人」と，順序数を集合数に直して考えます。

3を図で表すと，

7ばんめ
まえ ○○○○○○●○○○○○

だから，式は12－7になります。

4を図で表すと，

（ひと）9にん
うしろ ○○○○○○○○○
まえ ●●●●●●●
（いす）7つ

だから，式は7＋9になります。

5を図で表すと，

4りょうめ
まえ ○○○●○○○○○○○
4りょう　7りょう

2，**4**，**5**は，ものの数と人数のように，種類がちがうものを扱った問題です。そのままでは計算できないので，**2**では「8人」を「画用紙8枚」に，**4**では「いす7つ」を「7人」に，**5**では「4両め」を「4両」に直して計算します。

34 かたちづくり (35ページ)

1 ①4　②8　③4　④15　⑤13
2 ①5　②9　③7　④5　⑤4

アドバイス **1**　図に線をかいて，それぞれの形をあの色板の大きさに分けさせてみましょう。向きが違っても同じ形であることを理解しているかどうか見てあげてください。特に⑤のように斜めに傾いている図形は間違えやすいので注意させましょう。

また，あの三角形2枚を合わせて三角形や四角形ができることにも気づかせましょう。

あの三角形への分け方は下のほかにもいろいろあります。お子さんがどのように分けたかも見てあげてください。

(例)

①

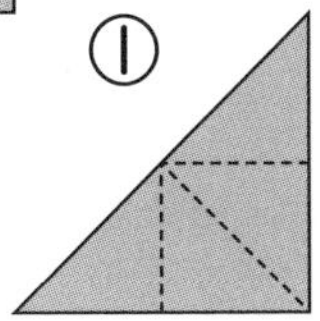

②

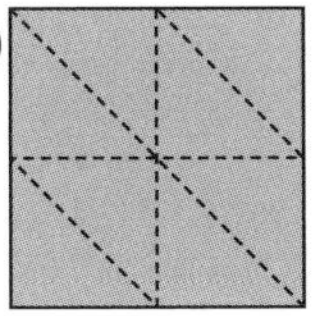

③

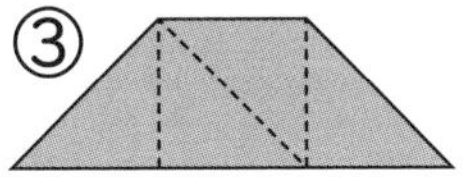

④

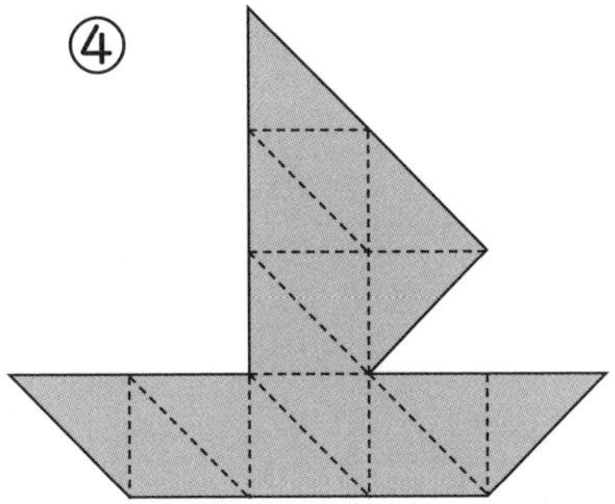

⑤

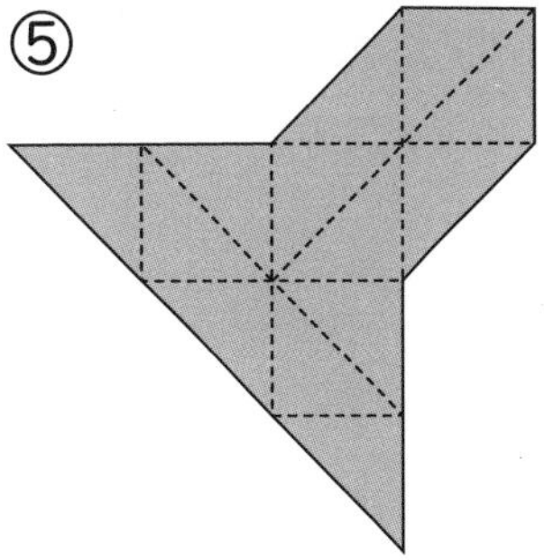

2の③の図形はデジタル数字の8です。全部で7本でできていますが，何本かとっていくと違う数字になります。

④はアとイを取って5。⑤はイとウとエを取って4になります。

他の数字も，下のように数え棒などでつくらせてみましょう。

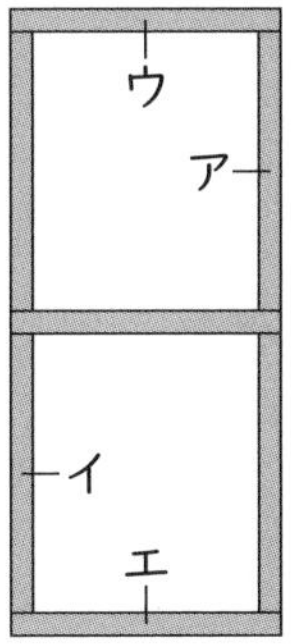

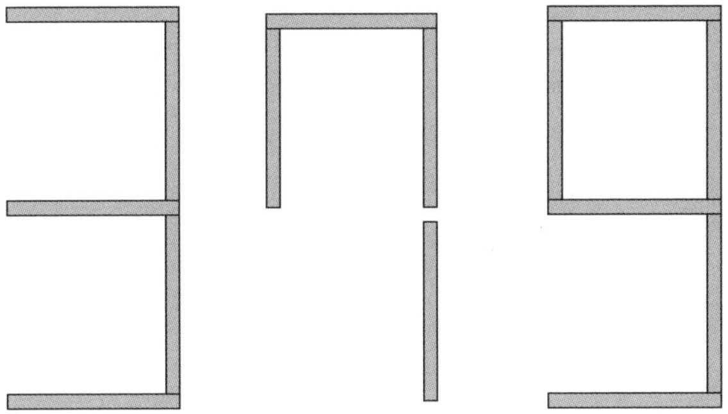

35 おなじ　かずずつ，ものの　いち (36ページ)

1 ①8(こ)　②2+2+2+2=8
2 ①3(にん)　②3(こ)
3 ①した　②ひだり　③2，3　④つ

アドバイス **1**は，同じ数ずつあげると何個になるかという問題です。②は，2個の4人分が8個になることをたし算で確かめます。2年の九九につながる学習です。

2も，乗法や除法につながる考え方ですが，今の段階では，絵を○で囲ませたり，おはじきなどを使って具体的に分けたりして考えさせましょう。

3のように，左右だけでなく上下にも並んでいるものの位置は，左右や上下といった言葉と2つの数を使って表せます。

36 かくにんテスト③ (37ページ)

1 うに○
2 ①80　②34
3 ①56　②70　③100　④60
4 ①11じ15ふん　②9じ59ふん
5 (しき)14−8=6　(こたえ)6こ
6 ①10　②6

アドバイス **1**は，平らな面と曲がっている面でできていることから考えさせましょう。

3の①の52+4は，「2と4をたして6，50と6で56」と考えて計算します。③と④は，10のまとまりが何個あるかを考えて計算します。④の90−30は，「10が(9−3)個で6個，10が6個で60」と計算します。

4の②は，「10時59分」とまちがえていないか，よくチェックしてください。

6は，図に線をかいて，それぞれの形をあの色板の大きさに分けてから数を数えさせましょう。頭の中だけで考えると，数えまちがいしやすくなります。

(例)

①

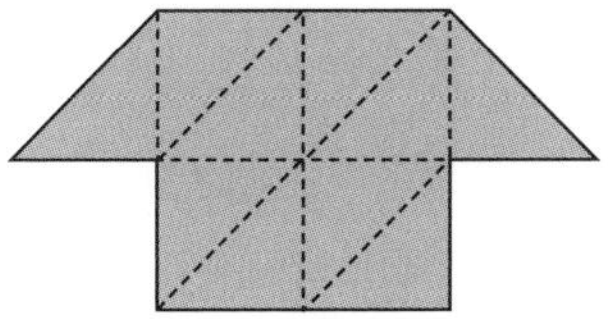

②

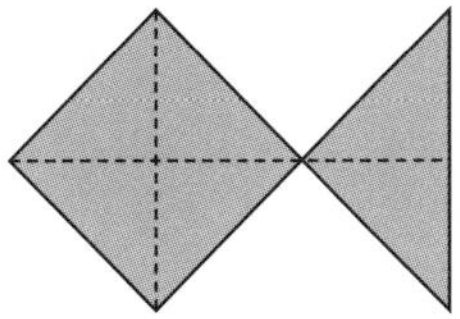

せいかつ

1 がっこうを　たんけんしよう (38ページ)

1 探検したところがあったら，○をつけましょう。
　あ　ほけんしつ
　い　としょしつ（としょかん）
　う　しょくいんしつ
　え　おんがくしつ

アドバイス まだ，探検していないところがあるようでしたら，見に行くようにしましょう。

2 好きな場所を書きましょう。

2 がっこうに　いる　ひと (39ページ)

1 ①　い
　②　え
　③　う
　④　あ

アドバイス 学校によっては，給食の設備がないところや用務員がいない場合があるかもしれません。そのときは，どんな仕事をしている人たちなのか，まわりの人と話してみましょう。

2 ①　う
　②　あ
　③　い
　④　え

アドバイス 大人と話すときには，言葉づかいに気をつけましょう。「おはよう」「ありがとう」ではなく，「おはようございます」「ありがとうございます」と言えるように練習しましょう。

3 つうがくろを　あるこう (40ページ)

1 見つけたものがあったら，○をつけましょう。
　①　え
　②　あ
　③　う
　④　い

アドバイス 通学路には，安全に登下校するために，いろいろな標識や看板などがあることに，気づきましょう。

2 ①　え
　②　あ
　③　い
　④　う

アドバイス 外では，交通ルールや他のきまりごとをしっかりと守りましょう。

4 たねまきを　しよう (41ページ)

1 順に　あ，い，え，う，お

アドバイス アサガオのたねは，あまり深く土に入れないようにし，たねをまいたら，必ず水をやるようにします。

2 あ　3
　い　2
　う　1
　え　4
3 ①　ひまわり
　②　ふうせんかずら
　③　まりいごうるど

アドバイス フウセンカズラのたねは，ハートのような形をした，白っぽい色の部分があるところが特徴です。

5 かくにんテスト① (42ページ)

1 ①　としょしつ（としょかん）
　②　りかしつ
　③　ほけんしつ

アドバイス それぞれの部屋に，どのようなものがあったか確認しましょう。

2 ①　あ
　②　い

アドバイス 外では，交通ルールを守りましょう。

3 ①　まりいごうるど
　②　ひまわり
　③　あさがお
4 あ　1
　い　4
　う　2
　え　3

アドバイス たねをまく深さは，植物の種類やまく場所によってちがいます。
　ホウセンカのたねは，あなに入れるのではなく，土の上にまいて，うすく土をかけるようにします。

6 はなを　そだてよう (43ページ)

1 ②

アドバイス ①はオクラの芽で，葉はまるみのある形をしています。②のアサガオの芽は，葉に切れこみがあります。③はヒマワリの芽です。植物によって，それぞれに特徴があることに気づいてください。

2 ①，④に○

アドバイス 水は1日に1，2回ほどやるとよいでしょう。水のやりすぎはよくありません。

葉の数が5～6まいになったら，くきがまきつくように支えの棒（支柱）を立ててやります。また，植木ばちで育てているときは，地面に植えかえてもよいでしょう。

3 ① あぶらな
② つゆくさ
③ まりいごうるど
④ あじさい

アドバイス 他にどんな花がさいているか，探してみるとよいでしょう。

7 そとで　あそぼう　(44ページ)

1 ① どろあそび（どろだんご）
② くさずもう（おおばこずもう）
③ みずでっぽう
④ しろつめくさの　かんむりづくり

2 ① ⓘ
② ⓤ
③ ⓐ

アドバイス 外で遊ぶときはルールを守り，みんなでなかよく遊びましょう。

8 なつが　きたよ　(45ページ)

1 ① ⓤ
② ⓘ
③ ⓔ
④ ⓐ

アドバイス 夏になると，外での遊びが多くなります。安全に気をつけて遊ぶようにしましょう。

2 ① たたきぞめ
② おしばな
③ いろみずあそび

アドバイス つくったものを使ってはがきにしたり，びんせんにしたりすることもできます。

9 むしを　みつけよう　(46ページ)

1 ① かまきり
② あり
③ だんごむし
④ もんしろちょう
⑤ てんとうむし

アドバイス 他にも，アゲハ，コオロギ，トンボ，バッタなどを見つけることができるかもしれません。

2 ① りんご，おひしば，えのころぐさの3つとも○
② ⓤ

アドバイス ときどき，きりふきなどで，土をしめらせてやりましょう。

ダンゴムシやテントウムシなどもかうことができます。ダンゴムシをかうときは，えさとして枯れた落ち葉を入れてやります。テントウムシには，アブラムシのついた植物の枝などを入れてやります。かう虫によって，えさやかい方がちがっていることに注意しましょう。

10 かくにんテスト②　(47ページ)

1 ① ⓘ
② ⓐ

アドバイス たねをまいてしばらくすると芽が出てきます。葉の数がふえ，少しずつくきがのびていくようすを，観察しましょう。

2 順に，くるま，はいって

アドバイス 外で遊ぶときには，必ず約束ごとを守るようにしましょう。また，帰ってきたら，どんなことがあったか話してみるとよいでしょう。

3 ① ⓘ
② ⓐ

アドバイス ホタルもカタツムリも夏によく見られる生き物です。ノコギリクワガタ，シオカラトンボ，アメリカザリガニなども，夏によく見られます。

生き物を見つけたときは，どんな特徴があるか，どんなところにすんでいるかなど，細かく観察してみましょう。

11 たねとりを　しよう　(48ページ)

1 ① ⓐ
② ⓤ
③ ⓘ

アドバイス たねは植物の種類によって，形や大きさがちがうことに気づきましょう。

2 ③に○

アドバイス チューリップの球根は，秋に植えると，次の年の春に花がさきます。

3 ⓤ，ⓔに○

アドバイス 花だんに球根を植えるときは，地表から球根3個分くらいの深さに，とがったほうを上にして植えます。

4 ⓐに○

アドバイス たくさんのたねを数えるとき，どのようにしたら数えやすくなるのかに気づきましょう。

12 あきが　きたよ　(49ページ)

1 ①　あ　いちょう
　　　い　かえで
②　しろいろ
③　なる

アドバイス サクラの葉は秋になると，黄色や赤色になってすべて落ちてしまいます。
　他に，秋になっても葉の色が変わらない植物もあることに気づきましょう。

2 できればすべてに○をつけられるとよいでしょう。

アドバイス 問題に出ているものは，すべて秋になると見られるものです。
　また，他に見つけたものをいろいろ調べて，書いてみましょう。

13 じぶんで　できる　こと　(50ページ)

1 したことがあるものに○をつけましょう。

アドバイス 家族がそろって何かをすることも大事なことです。1つも○がつかなくても，下のわく（この　ほかに　した　ことを　かきましょう。）に，何かできたことを書いてみるとよいでしょう。

2 いつもしていることや，したいと思っていることに○をつけましょう。

アドバイス 家のことの手伝いをすることも大事なことです。小学生に合った手伝いをすることにより，家族の一員としての役割を自覚することができます。
　1つでも○がついていればよいでしょう。

14 ふゆが　きたよ　(51ページ)

1 あ，え，おに○

アドバイス い，うは夏，かは春～夏にできます。
　冬に外でできる遊びは，スキーやそり遊びなど，他にもたくさんあります。どんな遊びがあるか考えてみましょう。
　また，外でできる遊びだけではなく，家の中でできる遊びがないかも，話し合ってみましょう。

2 できればすべてに○をつけられるとよいでしょう。

アドバイス みのむしやカマキリのたまごは，見つけることができないかもしれませんが，1つでも○がついていればよいでしょう。

15 もうすぐ　2ねんせい　(52ページ)

1 1年生になってからできるようになったことに○をつけましょう。

アドバイス 1つも○がつかなくても，他にできるようになったことが書いてあればよいでしょう。
　また，学校だけではなく，家の中でもできるようになったことはないか話し合ってみましょう。

2 楽しかったことなどの思い出についてかきましょう。

アドバイス 1年生の学校生活で楽しかったことや，できるようになったことを，自分なりに表現してみましょう。また，2年生になったら何をしたいかなど，話し合ってみてもよいでしょう。

16 かくにんテスト③　(53ページ)

1 ①　う
②　あ
③　い

アドバイス 落ち葉や木の実を使って，他にもいろいろつくってみましょう。

2 にゅうがくしき-はる
うんどうかい，えんそく-それぞれ，通っている学校で行われた季節を答えましょう。

アドバイス 運動会と遠足は，学校によってそれぞれ時期がちがっていたり，年に2回行われたりする場合もあります。学校でいつ行われたのかを話してみましょう。
　1年間をふり返って，いつ，どんなことがあったか，話し合ってみましょう。

3 していることや手伝っていることを1つでも書いたら，○をつけましょう。

アドバイス 自分から手伝いをしたり，毎日または決まった日にする手伝いを継続したりすることは，大事なことです。1つでも継続している手伝いがあればよいでしょう。

こくご

1 だれが なにを したか よみとろう①（54ページ）

1 ①町の　ねずみ。
②人・つかまりそう　③(い)

2 ①かぎ　②だい　③ばね

3 ①きって　②しっぽ　③らっぱ

アドバイス **1** ①町のねずみがいなかのねずみの所に遊びにきたことをつかませましょう。「ねずみ」とだけ答えていたら、どちらのねずみかがわからないことを指摘しましょう。③最後のいなかのねずみの言葉から、町で人につかまることを気にしながらごちそうを食べるより、いなかで麦をのんびり食べるほうがいいと思っていることがわかります。

2 ①「かき→かぎ」②「たい→だい」③「はね→ばね」と同じ例として、「さる→ざる」「くき→くぎ」などがあります。

3 絵に合う言葉を声に出して言わせましょう。つまる音の発音が正しくできるようになれば、のみこむようにして言った「ツ」が、小さく書く「っ」になるということが自然に身についてくるでしょう。

2 だれが なにを したか よみとろう②（55ページ）

1 ①水・つぼ
②石ころ・たくさん・つぼ　③(い)

2 ①ふうせん　②せんべい　③ひこうき

3 ①え　②い　③お

アドバイス **1** ②少しの水でも、石ころを入れることで、水面が上の方に上がってくるのです。わかりにくいようでしたら、コップなどを利用して実際にやってみせてあげてください。③最後の一行に、「とても　おいしい　水でした。」とあることから、からすは、水を飲むことができたとわかります。文章は最後までていねいに読むようにさせましょう。

2・**3** 長音（のばす音）を含む言葉です。

◇「アー」⇨「あ」（おかあさん・おばあさん）
◇「イー」⇨「い」（おにいさん・おじいさん）
◇「ウー」⇨「う」（ふうせん・くうき）
◇「エー」⇨「え」（おねえさん）
◇「オー」⇨「う」（おとうさん・こうえん）

これが原則ですが、次のように（1）「エー」を「い」、（2）「オー」を「お」と書くものがあるので、注意が必要です。

（1）せんべい・せんせい・とけい
すいえい・けいさん

（2）おおかみ・こおろぎ・こおり
ほおずき・とおり

3 小さく かく「ゃ・ゅ・ょ」/のばす おん/は・を・へ（56ページ）

1 ①ちゃわん　②きんぎょ　③あくしゅ

2 ①でんしゃ　②きゅうり　③びょういん
④ぎゅうにゅう

3 ①は・わ　②お・を・お　③え・へ

4 ①わ・は　②お・を　③え・へ

アドバイス **2** 小さく書く「ゃ・ゅ・ょ」は、ます目の右上に書きます。注意させましょう。②「きゅうり」③「びょういん」④「ぎゅうにゅう」の―の部分は、拗長音（ようちょうおん）です。表記と発音を身につけさせましょう。

3・**4** 助詞「は・を・へ」は、必ず言葉のあとにつけて使います。「は」は主語を、「を・へ」は動作の対象、方向をはっきりさせる働きがあります。また、「は・を・へ」は、「ワ・オ・エ」と発音することもおさえさせましょう。

4 かたかなを よもう かこう（57ページ）

1 ①バナナ　②テレビ　③ケーキ　④トマト

2 ①コアラ　②ミシン　③トラック
④クレヨン　⑤シーソー

3 ①パン　②ピアノ　③リボン　④ペンギン
⑤サンダル

4 ①ヨット　②バット　③キャベツ
④マフラー　⑤ジュース

アドバイス **1**～**4** 形の似ているかたかなの区別です。

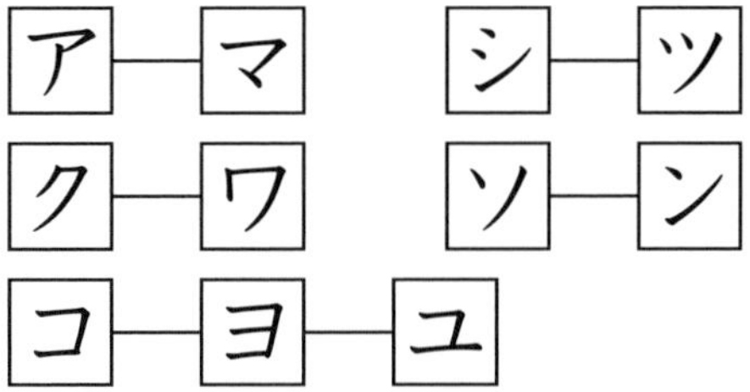

「シ ― ツ」「ソ ― ン」は、書き誤りが多いので、しっかり区別して覚えるようにさせましょう。

5 かん字を　かこう　よもう①（58ページ）

1 ①一　②三　③五　④七　⑤八　⑥六

2 ①四　②二　③十　④九

3 ①(あ)きん　(い)かね　②(あ)と　(い)つち
③(あ)げつ　(い)つき

4 ①ひゃく・せん　②みず・ひ　③き・ひ

アドバイス **1**・**2** 「一」から「十」までの漢字を書く練習です。書き順を守って書かせましょう。

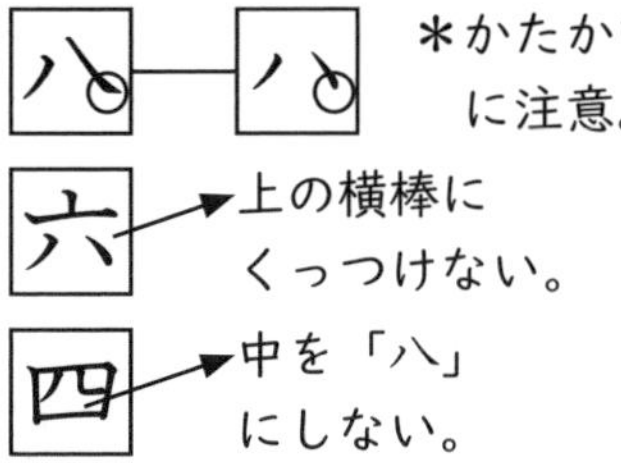

＊かたかなの「ハ」とのちがいに注意。

6 かくにんテスト① (59ページ)

1 ①日よう日・よる ②おとうさん
③おかあさん ④イ
2 ①わ・は・わ ②え・へ
3 ①一・三 ②十 ③八

アドバイス 1 ①初めの一行に書かれています。お話では、いつ、どんなことが起きたのか、登場人物はだれなのかなどをとらえることが大切です。④妹は、ろうそくの明かりでみんなの顔が見え、安心してにこにこしたのです。
2 絵をヒントにさせましょう。
①わには、こわい。
②こうえんへ むかう。
「は」「へ」は、「わに」「こうえん」という言葉のあとについていることに気づかせます。

7 正しく よみとろう① (60ページ)

1 ①はえとりぐも……あ・う
あみを はる くも……あ・い
②あみ・目
2 ①あかい ②ながい ③くるくる

アドバイス 1 ①文章の組み立てに注意させましょう。初めの「くもは、目を 八つも もって います。」は、どちらのくもにも共通することです。ちがっているのは、「目の 大きさ」だということを正しく読み取らせてください。②最後のまとまりの内容です。暮らしの中で目をよく使うかどうかで、大きさがちがってくるわけです。この点をしっかりとらえさせます。
2 ①は色、②は長さ、③は動く様子を表す言葉を探させましょう。

8 正しく よみとろう② (61ページ)

1 ①(大きな)うしろあし
②とげ
③虫かご
④およぐ
2 ①こども ②まえ ③よこ
3 ①うえ ②みぎ

アドバイス 1 ばったやこおろぎのあし→とんぼのあし→げんごろうのあし→まとめ という流れになっています。答えられないときは、それぞれのまとまりをもう一度読ませて、やり直しをさせてください。単に答えを教えるだけではなく、どこを読めば導き出せるのかを具体的に示してあげましょう。

9 ものを かぞえる ことば/日づけ (62ページ)

1 ①にわ ②四さつ ③五こ ④三だい
2 ①ぽん ②にん ③びき ④まい ⑤そく
3 ①しちがつ ②ついたち ③ふつか
④みっか ⑤ようか ⑥ここのか ⑦とおか
⑧はつか

アドバイス 1 ものを数える言葉「助数詞」を覚えます。鳥は「羽」、ノートや本は「冊」、おむすびなどの固形のものは「個」、車は「台」などと数えます。
2 ①「ほん」は「一ぽん・二ほん・三ぼん」、③「ひき」は「一ぴき・二ひき・三びき」、⑤「そく」は「一そく・二そく・三ぞく」などと、前にくる数によって言い方が変わるので、注意させましょう。
3 ②・③・⑧は、特別な読み方です。日付の漢字は日常生活でよく使うので、正確に読み書きができるようにさせましょう。

10 かん字を かこう よもう② (63ページ)

1 ①九百 ②木 ③千 ④十・水
⑤日・月・火・水・木・金・土
2 ①くち ②て ③みみ ④め ⑤あし
3 ①しろ・あお ②あか

アドバイス 1 ⑤曜日の漢字は日常生活で使うので、正確に書けるようにさせましょう。「日」と「目」、「水」と「木」、「土」と「上」は、字形が似ているので注意させましょう。ここでは、「日・月・火・水・木・金・土」と、日曜日から土曜日の順に並んでいます。

11 かん字を かこう よもう③ (64ページ)

1 ①耳 ②口 ③足 ④目 ⑤手
2 ①赤・手 ②青・白 ③耳
3 ①やま ②た ③たけ ④かわ・いし
4 ①あおお いだい ②あなか いちゅう
③あちい いしょう

アドバイス 4 漢字には、音読みと訓読みがあります。正しく読み分けられるようにさせましょう。

12 かくにんテスト② (65ページ)

1 ①あア いウ うア
②ばった・こおろぎ
2 ①きらきら ②ぐんぐん
3 ①金・日・き ②あか・ちい・手

アドバイス 1 文章では、「かまきり→けら→ばったや こおろぎ」の順に説明しています。何のどのあしのことが書いてあるか、まとまりごとにつかませます。

13 ようすや 気もちを よみとろう① （66ページ）

■ ①ぴかぴか・つえ
②あぬれた
いい雨やどり
うしらない　人
③ぬれるからです

アドバイス ■　②文章中に、あ～うと同じ言い方をしているところが出てきますから、その部分に注意させます。いの「雨やどり」の意味がわかっているか、確かめてください。③少し難しいかもしれません。三つ目のまとまりからあとの部分をくり返し読ませてください。おじさんが、雨の日にどうしているかを書いた文のあとに、「かさが　ぬれるからです。」がくり返されていることがわかります。

14 ようすや 気もちを よみとろう② （67ページ）

■ ①かさを　ひらいて　しまいました〔しまった〕。
②「雨が　ふったら　ポンポロロン……。」
③雨・かさ
④（すっかり）うれしく　なって　しまいました〔しまった〕。

アドバイス ■　①かさがぬれるのがいやで、かさを開かなかったおじさんが、「ほんとかなあ。」と言ったあとで、かさを開いています。②「　」（かぎ）はなくてもよいでしょう。また、「雨が　ふったら　ポンポロロン」としていても○にしてください。④「うれしい」だけでもよいでしょう。「うれしくなった」という内容の答えなら正解としてください。

15 文を つくろう （68ページ）

1 ①ころぶ。②はしる。③とぶ。④およぐ。
2 ①ねむる　②わらう
3 ①さく　②ふる
4 ①りす・本（ほん）・よむ
②くま・木（き）・きる

アドバイス 1　主語と述語からなる、「だれが　どう する」の基本文型を覚えさせましょう。絵を見て、それぞれの動物の動作を正確にとらえさせましょう。
2 「おこる・なく」に合う、「だれが」に当たる言葉を考えて、文を作らせてみましょう。
3 絵の内容に合っていれば正解です。
4 「だれが　どう する」の基本文型に、「なにを」の修飾語を加えた文型を理解させましょう。
言葉を入れたら、文を声に出して読ませましょう。また、この他にも「だれが　なにを　どう する」の文を作り、基本文型に慣れさせましょう。
絵の内容に合っていれば正解です。

16 かん字を　かこう　よもう④ （69ページ）

1 ①山　②田　③竹　④川　⑤石
2 ①大　②中　③小・川
3 ①した・やす　②うえ・た　③ひだり　④み
⑤みぎ　⑥い・はい　⑦だ　⑧はや

アドバイス 1　②「田」は書き順を誤りやすい字です。「丨 冂 冂 冊 田」の書き順をしっかり覚えさせましょう。
3 ⑥は、「はいり口から　いる。」でも誤りとはいえませんが、答えのほうが一般的な言い方です。「入る⟷出る」「入れる⟷出す」「入り口⟷出口」は、組みにして覚えさせましょう。

17 かん字を　かこう　よもう⑤ （70ページ）

1 ①立・上　②右左・見　③出　④入
⑤早・休
2 ①上　②下
3 ①あめ　②おんな・にん　③こ・ひと
④そら　⑤ちから・おとこ　⑥いぬ
⑦むし・ちゅう　⑧おう

アドバイス 1
①「上」②「右」の書き順に要注意です。
・上……丨 ト 上　（縦が先。）
・右……ノ ナ 𠂇 右 右　（この書き順に注意。）
③ 出 「山」を重ねた形にしない。
④ 入 「人」とはっきり区別。

18 かくにんテスト③ （71ページ）

1 ①ポンポロロン・ピッチャンチャン
②イ　③うっとり
2 ①たべる　②あらう
3 ①出・入　②山・上・休

アドバイス 1　①かたかなの半濁点（゜）や小さい「ッ・ャ」が正しく書けているか、確かめてください。②おじさんの言葉の中から答えさせましょう。③「うっとり」とは、「美しいものに心を奪われる様子」のことです。雨にぬれたかさにうっとりする、おじさんの様子を想像させましょう。
2 ①「りんごを」、②「手を」のように、「なにを」に当たる言葉を補って考えさせるとよいでしょう。
3 ②「山」は、「丨 凵 山」と三画で書きます。一画目は真ん中の縦棒です。注意させましょう。

19 じゅんじょよく よみとろう①（72ページ）

■ ①かし・くぬぎ
②ⓘ・ⓔ
③ね
④かたい　かわ・め
⑤どんぐり

アドバイス■　②文章の「その　かたちや　大きさ」というのは、「どんぐりの　かたちや　大きさ」と言いかえることができます。⑤林の中で地面に落ちたどんぐりは、根を出して冬を越し、春に芽を出して、やがて木に成長します。このことから、「どんぐり」が木の「たね」だとわかります。

20 じゅんじょよく よみとろう②（73ページ）

■ ①Ⓐ赤いろ
　ⓘきいろ
　ⓤむらさきいろ
②Ⓐ
③Ⓐとけて　しまいます〔しまう〕。
　ⓘとけないで
④ふん

アドバイス■　①植物の実の色のちがいをとらえさせましょう。②ななかまどなどの実が秋に色づくのは、目立って鳥に食べてもらうためです。④「そこ」は、すぐ前に書いてある「ふんと　して　おとされる」場所を指しています。「ふん」の中に、鳥の食べた実の種がまじっているので、芽が出るのです。

21 なかまの ことば／はんたいの いみの ことば（74ページ）

1 ①花　②とり　③がっき
2 ①トマト　②たまねぎ　③きゅうり
3 やさい
4 ①かるい　②小さい　③つよい　④しめる
⑤すてる
5 ①ながい　②かたい　③ひくい

アドバイス 1　一つ一つの名前と、それらをひとまとめにした言葉があることに気づかせ、それらの関係をとらえさせましょう。
2　①「トマト」がかたかなで書けているか、見てあげてください。
3　2の一つ一つの言葉から、それらをまとめた言葉を考えさせましょう。
4　反対の意味の言葉は、組みにして覚えると効果的です。迷っているようなら、①「おもい　にもつ」、②「大きい　いえ」のように、言葉をたしてあげましょう。

22 かんじを　かこう　よもう⑥（75ページ）

1 ①犬・人　②力　③虫　④王・子　⑤雨・空
2 ①女　②男
3 ①むら・おと（ね）　②もり　③まち
④ゆう・はやし　⑤ぶん　⑥ただ・じ
⑦ねん・な　⑧ほん

アドバイス 1　⑤ 雨（点の向きを正しく書く。） 空（「八」にしない。）

2　① 女 …く 女 女　三画で書きます。
② 男 …「田」＋「力」です。

23 かんじを　かこう　よもう⑦（76ページ）

1 ①町・文　②村・森・林　③年
④正・字・名　⑤音
2 ①本　②夕
3 ①糸車　②先生　③草花　④天気
4 ①学校・学　②貝　③水玉　④千円・円

アドバイス 1　① 町　② 村　○の部分のはねに注意させましょう。

2　①「えほん」②「ゆうやけ」の読み方も確かめさせましょう。

3　① 糸 …く 幺 幺 糸 糸 糸　六画で書きます。
④ 天（上のほうが少し長い。）　気（はねる。）

24 かくにんテスト④（77ページ）

1 ①Ⓐにんじん　ⓘさんま　ⓤとりにく
② たべもの
2 ①右手　②出口　③女の子
3 ①学校・先生　②糸　③玉

アドバイス 1　①Ⓐには「たまねぎ・じゃがいも」、ⓘには「あじ・さば・たい」、ⓤには「ぎゅうにく・ぶたにく」のなかまが入ります。選択肢の「クッキー」はおかし、「みかん」は果物、「ジュース」は飲み物です。②一つ目のまとまりから答えさせましょう。「しょくひん」もひとまとめにした言葉ですが、ます目が四つなので当てはまりません。
2　上と反対の意味になる言葉だということを確かめてから答えさせましょう。「かん字を　つかって」とあるので、漢字の部分をひらがなで書いているときは、書き直させましょう。